全新增修版

當爸媽過了65歲

你一定要知道的醫療、長照、財務、法律知識

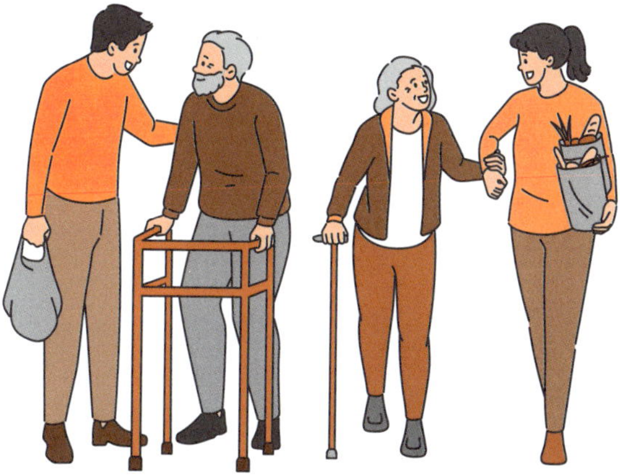

康哲偉——著

目次

第2章 為財務做準備

PLAN
$

第9章 外籍看護該如何申請？

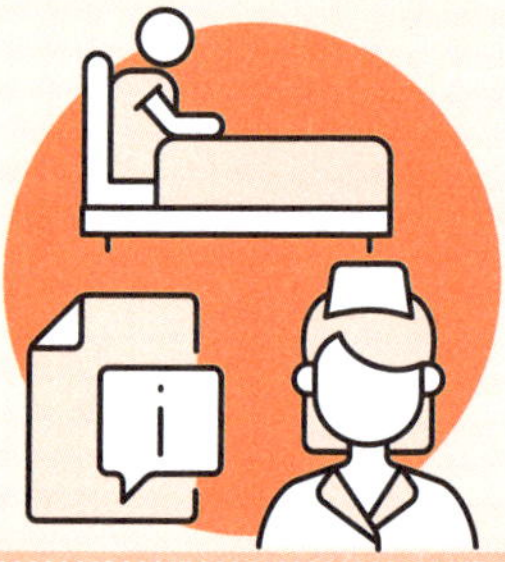

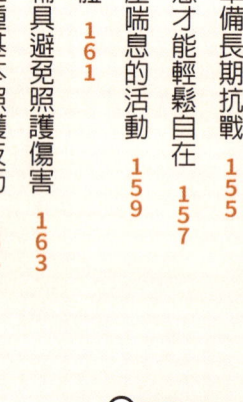

第10章 尋找適合的照護機構

第11章 失智長輩的照顧方式

Part 3 當爸媽判斷能力不足

第12章 善用成年監護與輔助宣告制度

Part 4

防患未然，老當益壯

第13章　預防失智症的方法

第14章 認識老年精神疾病

第15章 預防肌力衰退

第16章 如何保命防「跌」？

第17章 如何延緩視力減退？

第18章　如何強化骨關節？

第19章　召開家庭會議

附錄

〔推薦〕

不因照顧長輩，而失去本來的自己

廖修譽

本書作者哲偉是高中就認識的好同學，大學畢業後，長年來在出版媒體界效力。日前他來找我，聊到自己因歷經父親臨終前的那段照護日子，以及過世後處理相關手續，發覺我們這群青壯年們，對於父母逐漸衰老的景況，總是有意無意加以迴避，對於這樣的狀況，不知有無辦法加以改善。

的確，當父母逐漸老化，緊接著就得面對老年人的相關照護問題，事實上為人子女的我們，是無法逃避的！而在我二十年的執業律師生涯中，也看過許多相關案例，皆因子女「不明瞭」也「未準備」所引起，所以他能對這個命題加以關心，認為有必要正視而提供相關需求者一個基本的參考方向，我當然樂意協助。

而在法律上，於《民法》親屬篇第五章中雖對扶養的責任、順位，及前提能力要件有詳細規定，但那僅是抽象的條文，實際上要如何操作，對大多數人而言，因爲這基本上是一輩子「僅有」的生活經驗，如果周遭沒有類似狀況的朋友可以互相交流，遇到時多半無法從容應對，使自己的生活方寸大亂。

可是，如果在此關鍵時刻能適時地提供一些具體的建議及指引，我想對任何有需要的人而言，顯然會產生一定效果的幫助。畢竟面對家中長輩的老化，還是需要全家上下一起面對。因爲，「撫養」這個問題並沒有那麼簡單，很多人認爲，只要提供「金錢」就算是盡了對長輩的責任，也算是盡了法律上的「義務」，但是，畢竟社會、國情不同，所謂的「撫養」，往往不是只有物質上提供滿足即可，還是有相當的情感面因素在內，而這個部分，才更是需要做子女的我們去了解的。

而就如哲偉撰寫此書的初衷，書中所提供的資訊與經驗之分享，無非是希望讓我們能夠把心態由「照顧父母」，轉換成「爲自己準備」！

當我們覺得對長輩的照顧是自己生命過程中必經的一部分，思考角度便會開始不同。因爲，如果能對被照顧者的背景去投注理解與探詢，包括回溯父母的性格、過去自己與長輩們的親子相處模式、長輩們對剩餘生命時間的希冀與企求等，經此探究後，將可幫助自己進而找到適合的因應策略，也能將自己的心態由

「負擔」順利轉換到「承擔」，調整自己未來的方向，不再因長輩的因素所帶來生活上的改變而總是抱怨連連。換句話說，也就是讓身爲子女的我們，不要因爲長輩的照顧問題，而失去了自己。

所以，如果讀者們確能因爲書中的建議，感受到對長輩的態度其實就是對自己的生命態度之反饋，進而有所體會成長，或許能爲當今社會逐漸疏離的親子關係，提供一個修復契機。而這顯然也是大家衷心期盼的。

（本文作者爲緯譽法律事務所主持律師）

〔新版自序〕

世界瞬變、人世無常，我們需要更多的溫柔與準備

這本為了紀念父親離世百日，以自身照顧經歷為出發點，企畫給上班族看的「知老小百科」，出版迄今將屆十年。

十年間，台灣的長照環境迎來巨大的改變。

原本預估台灣到二〇二五年將會邁入超高齡社會，近年隨著各縣市數據陸續出爐，嘉義縣、台北市、南投縣、雲林縣、基隆市和屏東縣等六個縣市，紛紛比預期提早達標，等於每五個人就有一位是六十五歲以上的長者，人口老化速度驚人，直接衝擊到醫療與長照需求，影響消費及勞動力供給，加上少子化的雙重夾擊，對台灣社會整體且長遠的發展，無疑成了「國安級」的威脅。

為了因應老化海嘯，國內長照體系隨之動了起來，由馬政府第一階段的「長

照十年計畫」，邁入蔡政府第二階段的「長照2.0」，大力推動「ABC社區整體照顧模式」，如今賴政府推出的「長照3.0」，也將以「長照2.0」爲基礎，允諾結合醫療和社會福利，持續擴充預算，增加服務據點和內容，提供家庭照顧者和長照機構更多支援。

近年來保險市場亦餘波盪漾，先是COVID-19的防疫險，讓產險業付出天價理賠金，賠光逾二十年獲利，導致業務推動轉趨審慎，許多保單收手不賣或調漲。接續二〇二三年年底的「實支實付之亂」，金管會研擬改革實支實付醫療險，回歸「損害塡補」原則，讓許多推出副本理賠的保險公司火速宣布停售、下架或是收緊投保政策，打亂了保戶期待以「雙實支」「三實支」保護傘支付高昂自費項目的規畫，更讓許多長輩擔心自己未來的醫療保障，會不會因此出現巨大的破口。

在法律保障部分，政府在二〇一九年實施了「意定監護」新制，進一步落實人權。由於民法的成年監護制度，原只有「法定監護」一種，爲了更符合當事人的意願，補充法定監護制度的不足，「意定監護」新制允許成年人採委任契約的概念，預先選任自己的監護人，只要符合資格，諸如朋友、工作夥伴等都可以，人數也不受限，且效力優先於法定監護，將自主權回歸給長輩。

醫療部分也大步邁向病人自主，二〇一九年，在立委及醫師奔走下，亞洲第一部以病人為主體的專法《病人自主權利法》，將預立醫療決定的適用對象，由「末期病人」擴大至疾病末期、永久植物人、極重度失智等五款臨床條件，並增加預立醫療照護諮商的設計，藉此保障每個人的知情、決策與選擇權，確實尊重意識昏迷、無法清楚表達的病人其自主及善終意願，也幫助家屬尊重與支持病人的決定，不管是無效醫療，或一些可能有效或存疑的治療，皆賦予病人拒絕的權利。

善會進化，惡也會進化。從二〇二〇年起，台灣詐騙金額及件數便直線攀升，光是二〇二三年，詐騙報案就超過三萬五千件、受害金額超越七十九億，雙雙打破紀錄。許多人會焦慮退休後該如何投資理財，但面對近年來詐騙手法千變萬化、無孔不入，該如何保持警覺，守住老本，不讓心血一夕之間化為烏有，恐怕才是首要之務。

關於外籍看護部分，政府因應二〇二二年八月調高外籍看護每月薪資，特別針對中低收入戶、領取身心障礙者生活補助費或中低收入老人生活津貼的雇主或被看護者提供薪資補助，降低對弱勢家庭造成的衝擊。另為讓照顧者能適時喘息，針對已請外籍看護的長輩，只要符合照管中心評估標準，仍可使用政府的長照服務，讓長輩的照顧不中斷。

選擇十年後推出增修版，除了以上重大趨勢的改變，需幫讀者逐一釐清，更希望秉持初衷，以父親爲名，讓本書持續發揮效益，協助更多初次踏入照顧領域的讀者，以「健康維持」「財務」「法律」「照顧」「機構」等層面，解答每個階段可能產生的疑問，記得這本書的每個篇章不會是最終的解答，而只是一個開端，引領你敞開「知老」之門，掌握每個階段的關鍵。

因爲，世界變得太快，而「老」又那麼深奧複雜，我們不是處在無知，就是走在弄懂了，又有新的挑戰的路上，不知不覺之中，自己竟又成爲被照顧的主角，進入新一代茫然探索的循環。

面對時間的公平與殘忍，我們需要更多的溫柔與準備，寬容對人、溫柔待己，在任何可能的驟變降臨之前，了然於胸，從容以對！

〔自序〕

你要倉皇的摸索，還是優雅的預習？

我們都會老。但關於「老」，我們知道的太少，準備的也太少。我永遠忘不了父親過世前，那段混亂的日子。

那年，父親七十九歲，中年曾動過心臟手術的他，身體雖稱不上硬朗，但生活打理、行動力皆自在裕如，以致形體雖現老態，我們卻總輕忽他已步入遲暮之年……直到某日他在公園跌倒，摔斷了髖關節（大腿與骨盆相接的關節），接連引發的骨牌效應，讓我們在其生命的最終章，經歷了一次刻骨銘心的學習之旅。

「髖關節在哪裡啊？」這是我接到母親從急診室打來電話時，腦海裡浮現的第一個疑問。之後父親動了手術，在醫院休養了兩個月，但回家不到兩天卻又再度跌倒。緊急陪著父親重返急診室，心中滿是驚訝與自責的我們，向「谷歌大神」探問，才恍然大悟網路上早已充滿諸多警示的資訊：「曾跌倒過的老人，其中有一半的人會再度跌倒。髖部骨折開過刀後，僅有三分之一的人能完全康復，且在一年內死亡的機率最高達二〇％。」

父親入院後，因髖部受傷部位無法開刀，在等待自然長成期間，父親只能在病房裡靠止痛劑度日。然而，久臥的不便，加上難耐疼痛，父親的「囡仔性」屢屢發作，全職陪伴的母親每每勸慰無效，暴衝戲碼便不斷上演：一會兒怒拆床緣扶手，執意下床如廁；一會兒哀叫不絕，嚷著受不了如此身心煎熬。甚至，半夜猶如上演電影《大法師》情節，時而跟幻覺對話，時而目露驚懼，彷彿正與另一世界拉扯，聲嘶力竭到天明。

後來我才明白，這是一種成因複雜的急性意識障礙，叫做「譫妄」，包括術後身心承受重大壓力，服用多種藥物、失血、感染，或代謝出問題，而電解質不平衡、營養不良、缺水及失眠……等都可能引發。

不只父親的健康每日一小考、每週一大考，因牽涉照顧問題，平日不太有機會溝通的家人，一旦在病房內相見，協調彼此該扮演的角色時，因混雜了經濟能力、工作型態、家庭壓力，甚而過往心結問題，往往讓緊繃的情緒，一觸即發。即使好不容易決定了下班後的分工，也應急找來本國籍看護幫忙照應，但由於父親精神狀況所導致的喧騰不斷，不堪其擾的看護竟負氣不告而別，而後母親也因得兼顧父親與高齡九十的外婆而蠟燭兩頭燒，某天在趕赴安養院探視外婆的路上，不慎被一輛摩托車撞飛，自己也成了病人。

老天的考驗一波接著一波，對步入中年的我而言，這些事情不僅想都沒想過，更是件件緊急又棘手，幸好有家人接力支援，以及從醫的姊夫全程相助，否則龐大的照護人力與支出，諸多病症及生死關頭的決斷，絕非一個小小上班族所能招架。

過了一年，母親逐漸康復，父親卻因長期臥床引起併發症，過程中幾經慌亂，但從醫護人員口中，網路、臉書的查詢，以及那些與父親短暫同房的病友身上，至少學會如何與疾病面對與共處。雖然在眾人努力之下父親還是沒能離開病房，但關於「老」這件事，我們有了更加切身的認識與體會。

因此，在父親離去百日之後，我決定以自身從無到有的經歷爲出發點，企畫一本給上班族看的「知老小百科」，此書以六十五歲退休年齡爲基準，將年長者的晚年分爲「身體健康」「身體無法自主」「判斷能力不足」三階段，並以「健康維持」「財務」「法律」「照顧」「機構」等層面，逐一釐清每個階段可能產生的疑問，並從「根本預防」的角度，探討如何擺脫老年惱人的疾病，與做好照顧前的準備。

我用了一年的時間，採訪老年醫學專科醫師、律師、安養機構負責人、跨國人力仲介公司、保險公司、投資顧問公司，並蒐集相關報導、報告、論文，才有這本書的誕生。

當然，這本書的每個篇章不會是最終的解答，而只是一個開端，引領你敞開「知老」之門，掌握每個階段的關鍵。因爲，「老」是一門深奧與複雜的學問，在單向的時間高速公路上，你得先問自己：要的是倉皇的摸索，還是優雅的預習？

不妨現在就翻開第一頁，一頁一頁地往下探索吧！

〔前言〕

學校不教、公司不管，一堂最重要的人生必修課

如果，爸媽有什麼萬一

學生時期努力拚學科，通過一關關考試，進了職場，為了努力往上爬，學習各類專業、管理技巧與拓展人脈，到了中年，儘管已是見多識廣的沙場老將，很少人會意識到自己辛苦多年的事業，可能栽在一堂忽略已久，且從沒人教過的人生必修課。台灣金融界的傳奇人物，曾寫下「外商銀行最年輕董事長」紀錄的管國霖就是一個活生生的寫照。

進入外商銀行不到十年，三十六歲當上總經理，四十三歲出任集團台灣區總裁，在許多人眼中，管國霖的際遇就像「人生勝利組」。然而，當生涯攀上最高

峰之際，他卻在五十歲那年，爲了照顧高齡失智父親，毅然決然告別職場，離開他待了二十五年的花旗銀行。

像管國霖一樣的例子不勝枚舉，不管工作績效再出色，所處位階再重要，這堂課避無可避，只要一通緊急電話，爲了照顧倒下的父母，一切職涯發展都得暫時放下。根據勞動部二〇一五年統計，**每年台灣約有十三萬人因照顧因素而離職**，到了二〇二三年，依主計處統計推估，**因照護問題選擇離職的人數則增至十五萬人**，而衛福部估算，**爲照顧失能家人而影響工作者，更高達二三〇萬人**。

多年來，「三明治世代」夾在孩子與父母、婚姻與工作之間，如今年輕夫妻雙雙步入中年，本以爲肩上責任將卸，可以專注在自己的職涯與生活，沒想到事與願違，中年之際，大環境丕變，所面臨的挑戰比起過去更爲艱鉅。

看看子女，當年自己大學一畢業便能自立，到了下一代卻遭逢學歷貶值，使得延畢、讀研究所的人數大增，加上台灣產業外移，工作機會減少，以及不婚、晚婚成爲趨勢，使得子女依賴家庭的時間拉得更長。

圍繞在父母身邊的問題也是與日俱增，開始進入老年期的他們，健康逐日走下坡，重病、失能或失智的可能性如影隨形，只要稍不注意，照顧的重擔就會落在自己肩頭。加上醫藥發達，高齡或超高齡老者比比皆是，儘管自己退休了，未來還得繼續照顧父母。

然而，處於此一階段的自己，體能不似當年，老化症狀也已上身，職涯與婚姻亦進入了步步爲營的地雷區，扶養上下兩代的承擔卻有增無減。難怪國內外相關研究皆指出，當「三明治世代」步入中年，意味將進入人生另一個「黑暗期」，因此，對於企業，這堂課勢必將提高核心經營人才流失的風險；對於個人，尤其是已邁入中年的中高階主管，若沒有事先做好規畫與準備，離職照護結束後隨之而來的中年危機，將一觸即發。

六十五歲的意義

或許你從來沒想過爸媽有一天會老，但當他們跨過六十五歲大關，代表他們的人生正悄悄地進入另一個階段。

面對至親無可迴避的轉變，身爲子女的你我，究竟該有哪些認知與心理準備？

首先，六十五歲，是法定的退休年齡，無論健康條件如何，大部分的人會在此時告別職場。突然賦閒下來，在經濟條件、角色適應、生活節奏、人際互動，以及身心狀況，都會產生新的壓力與變化，若計算平均壽命，退休後的生涯至少還有二十年以上。因此，該如何調適與規畫，將影響人生下半場的生活品質。

其次，六十五歲，也是身體機能走下坡的分水嶺，醫學臨床統計顯示，六十至六十九歲是各種疾病好發的高峰期，如高血壓、糖尿病、高血脂、冠狀動脈心臟病、白內障、慢性支氣管炎及癌症等。另外，容易與老化混淆的失智症，在六十五歲的盛行率大約占五%，且每增加五歲，罹患的機率就增加一倍。而且六十五歲以上的人亦是跌倒死亡的最高危險群，因此事前預防與保健變得更爲重要。

根據中央健康保險署統計，過去十年，健保醫療費用大幅成長，六十五歲以上的老人就占了六成以上，這意味著中高齡階段，日常生活消費看似縮減，但個人健康醫療相關支出卻節節上升。尤其，當政府財政吃緊，能顧及的層面有限，想要陪伴父母度過愉快的銀髮歲月，在財務、保險、醫療保障等規畫，是否能夠發揮「未雨綢繆」的功用，將是此一階段極爲重要的功課。

根據內政部統計處資料顯示，在民國一〇六年，台灣民眾平均壽命為八〇．四歲，與民國九十六年相較，十年內平均壽命增加了兩歲，且年年往上攀高。如今，能夠活到八十歲，似乎已不是什麼新鮮事了。

雖說大家愈來愈長壽，六十五歲以後還有很長的日子可以好好享受，不過，根據台灣死亡人口的統計，民國四〇至五〇年代間，〇到十四歲曾經是死亡人口的大宗。但到了五〇年代至六〇年代中期，十五到六十四歲的死亡人口取而代之，一直到七〇年代，隨著人口老化，六十五歲以上的老年人口死亡占比持續增加，比例從民國七十年的四六．八%，跳升至民國八十五年的六一%、民國一〇一年的六八．八%，到了民國一〇二年更達六九%，隔年即突破七成大關，民國一一一年則高達七六%，成為國人死亡人口統計數據的最主要來源。

依此數據的演進來看，不僅代表台灣社會的轉型，凸顯人口老化問題的嚴重，更提醒所有人一件事，那就是一旦過了六十五歲，代表自己將邁入死亡高危險群的「地雷區」，而愈早意識到如何預防、早期偵測、延緩慢性或重大疾病的惡化，就愈能隨著長壽的趨勢，健健康康地享受人生。

在還健康之際，充分掌握預防之道

父母逐漸衰老，不單只是個人生理的變化，其背後更隱含一連串的問題，往往需要全家上下一起面對與承擔。

在台灣，老夫老妻若都還健康，多會同住照應，萬一其中之一罹病，另一半常會擔起照護之責，不忍麻煩子女，除非老伴過世只剩一人時，中年子女才會真正感受到父母年事已高，以及接踵而來的挑戰。

此時，即使長輩身體硬朗，若任其獨居，做子女的難免擔心其生活照應、交友往來、出入安全問題，甚至被詐騙集團盯上的可能；若接來同住，儘管是自己的父母親，在生活習慣、價值觀、溝通方式，以及與媳婦、女婿、孫子女的相處上，免不了得歷經一段磨合期，過程中若要顧及彼此的尊嚴與和諧，每個家庭成員都得重新調整與適應。

若長輩生病，由於老人疾病的表現常被誤會成身體老化的正常現象，且會合併多重疾病，甚至失能、臥床，在花費、就醫、陪伴與照護上，皆非一人所能承受得起，因此，往往需要動員全家的資源與人力，無論是夫妻、兄弟姊妹，還是孫子女都得分工。當身處其中時，在溝通與分配上，要不影響家庭氣氛又能將老人家照顧周全，著實是一門不簡單的任務。

長期觀察台灣老人十大死因趨勢，可以發現慢性病幾乎占了七成以上，包括癌症、腦血管疾病、心臟疾病、糖尿病、腎炎及腎病變、慢性肝病及肝硬化、高血壓……等，幾乎年年榜上有名。

由於慢性病潛伏期很長，初期沒有明顯的症狀，一旦罹病後便無法根治，且若長期忽略或控制不當，不僅會有多重用藥、生活功能降低等後遺症，還可能產生骨牌效應，引發多重併發症，使得病情加重、殘障或失能，甚而危及生命。

慢性病被稱爲「現代文明病」或「生活習慣病」，起因多來自不正常的生活型態，因此，若能在身體健康之際，充分掌握「預防之道」，往往比罹病之後靠治療防止惡化，來得輕鬆又有效。

所謂「預防之道」，可分爲「健康的習慣」與「健康的管理」兩大面向，前者指的是培養好的習慣，如規律的運動、維持適當的體重、充分的休息，盡量不碰菸酒與刺激性飲料。後者指的則是增加對慢性病的認識，學習疾病的自我評估，並透過定期健康檢查，篩檢相關疾病，才能不讓慢性病上身。

照顧父母，為未來的自己做準備

雖說養育之恩大過天，照顧年老的父母乃天經地義之事，但若父母久病，照顧者辭去工作隨侍在側，除了面對身體勞累、金錢壓力外，還必須長期承受患者因情緒波動所帶來的言語或肢體之傷害，因此長期照顧父母，很少人能眞的無怨無悔。

但在過程中，若能**把心態由「照顧父母」，轉換成「爲自己準備」**，或許能夠緩解一些憂鬱與怨懟。因爲，當我們覺得是在替自己準備，思考角度就會從「無盡付出」變成「測試理解」，所以對父母的照顧，會抱著實驗精神，試著從不斷互動與調整中獲得啓發，包括回溯父母的性格、過去親子相處的模式，找到成功的因應策略，並檢視自己的生活方式，發現自己的脆弱，審視夢想與計畫，從而調整未來的方向。

在照顧的過程中，由於接觸到大量疾病、醫療資源、照護技巧、協助機構、財務規畫等知識，一旦懂得嫻熟運用，當自己走到類似階段時，便能提早發現病徵，或是做好相關準備，與可能的照顧者討論，尋覓妥適的照顧方式，安排好自己的老年生活，降低子女的壓力與負擔。

雖然國內長照體系三階段，已從第一階段的「長照十年計畫」，進入第二階段的《長期照顧服務法》（二〇一五年六月總統令公布，二〇一七年六月正式上路），就在邁向最後階段《長期照顧保險法》之際，因接續的蔡政府於二〇一六年五月執政後，考量國內長照服務供給量，不足支撐社會保險所需，以及馬政府的長照保險參照全民健保，強制一出生即納保，且雇主與勞工負擔比例恐生爭端，改推「長期照顧十年計畫2.0」（簡稱長照2.0），並以遺贈稅、菸稅、菸品健康福利捐、捐贈收入、基金孳息收入、房地合一稅等其他收入，以及政府預算撥充，延續擴大長期照顧十年計畫。

根據國家發展委員會統計，我國已於一九九三年成爲高齡化社會，二〇一八年轉爲高齡社會，推估二〇二五年高齡人口將突破四七〇萬人，邁入超高齡社會，二〇三九年突破三〇%，至二〇七〇年將達四三．六%。伴隨而來的失能人口，也將在二〇二五年突破百萬大關。

在老化的浪潮進逼下，強調以在地老化爲核心精神的長照2.0，大力推動「ABC社區整體照顧模式」，並以「一九六六長照專線」爲單一窗口，提供長照四包錢服務，包括「照顧及專業服務」「交通接送」「輔具及居家無障礙環境改善與喘息服務」。以官方在二〇二二年所做的統計，長照服務涵蓋率已從二〇一七年的二〇．三％成長到六七．〇三％，服務人數也從十萬人成長到四〇．七萬人，整體預算更從長照1.0時的五十億增加至六百多億，期待打造優質、平價、普及的長照服務體系。

政府推動長照2.0不遺餘力，儘管長照預算屢創新高，使用者滿意度高達九成以上，且於二〇二三年起，一舉將中、重度失能者入住機構的補助額度，由最高六萬元提高至十二萬元，並取消排富規定，但輿論批評的聲浪仍未止歇，除了憂慮稅收財源不穩定，主管機關多頭馬車，長照產業化只聞樓梯響，其他如日照中心服務據點、數量、專業人力不足，以及住宿機構床位有限，欠缺有效監測與品質管控等問題依舊盤根錯節，政府還在持續摸索，如此看來，長照服務要邁向「合用」「好用」，還有一條漫長的路要走。因此，**無論是規畫長輩或自身養老的保障，都應保有妥善的風險意識，避免過度依賴政府的社會保險與服務，提早準備才是上策**。

PART

1

當爸媽過了65歲

第 1 章

如何讓年長者保持健康的身心？

面對退休的適應過程

過往退休生活不受重視，很少有人會預先準備，但隨著國人平均壽命延長，退休後至少還有十至二十年的時間可以運用，若能好好規畫，退休生活往往能比工作的時光還要精采。

綜合多位社會學家的實證研究，退休的適應過程，約略可分爲六個階段：

一、**預備期**：從不清楚到確定自己將退休，如果準備與實際相符，將能順利進入退休期，否則會產生挫敗感。

二、**蜜月期**：退休生活開始半年內，會感到一種如釋重負的輕鬆感，可以盡情去做以前沒時間做的事，是退休以來最爲愉快的時期。

三、**醒悟期**：當快樂的感覺逐漸平淡，開始質疑生活的現實，並檢視自己退休後的作爲，期待能重新調整自我。

四、**再適應期**：以更切實的態度調整自己的角色，再度投入社交圈，參與活動，藉此提升適應能力。

五、**穩定期**：投入沒有競爭壓力、無須挑戰自我的事務，逐漸適應和勝任退休的角色。

六、**終結期**：因身體轉趨虛弱，疾病纏身，逐漸走向人生最後階段。

以上六個階段的時間長短，皆會因個人性格、健康狀況、經濟條件、退休時間、身心狀態等因素而有所分別，但最重要的是，清楚將來的處境，事先未雨綢繆，才能讓蜜月期更甜蜜，穩定期更長久。

打造自己專屬的時間表

關於退休生活的規畫，高齡一〇五歲辭世的日本「人瑞級」醫師日野原重明認爲，人人都應該打造一張專屬的時間表，而這張表的原則很簡單，就是將生活分爲「用在自己身上的時間」，與「用在別人身上的時間」兩個部分。

所謂「用在自己身上的時間」，是指須掌握「只要不斷開創，人便可永保活力」這個重點，所以，不妨開始嘗試做些年輕時沒有做過的事，例如日野原醫師八十八歲開始寫音樂劇劇本並參與演出，縱使過了百歲每天仍會瀏覽十幾本書籍和雜誌，因爲他深信，每個人身上一定都還有尚未被開發的潛能，若能趁著這段最自由的時光好好發掘，十年後進步程度往往比想像中還要來得大。

「用在別人身上的時間」，指的是如投身社會公益活動，因爲年輕時太過忙碌，容易以自我爲中心，當把重心從自己轉移到他人，心態往往能變得更爲寬容，且在付出的過程，還能從年輕人身上獲得新知與能量。

日野原醫師強調，現代人想要長壽已非難事，但要同時活出意義，則必須要找到啟動積極生活的關鍵，才能經營美好的退休生活。

靠學習找回人生的價值

許多退休人士常會覺得：「從求學到工作，這麼長的時間都在學習，我已經累了。」事實上，離開職場，不再受謀生技能局限，另一種人生的學習才真正開始。

從生命的歷程來看，到了中高齡階段，包括適應生理機能的老化、適應失去工作角色、適應配偶的死去、適應收入的減少，以及如何繼續參與社會、維持良好的人際關係，甚而追求更高層次的自我實現，這些都是迥異於過去的全新領域，必須具備對應的能力與知識，才可能使生活的改變更加順利。

因此，無論是學習養生保健、投資理財、工作技能，還是休閒娛樂、資訊工具，或是追求心靈的成長，只要踏出學習的第一步，在過程中，除了能獲得豐富的知識與技能，還能與志同道合的夥伴發展出新的人際關係，形成一個正向的支持系統，藉著互相鼓勵、資源共享，不斷地回饋刺激進步，讓學習變成一種樂趣，也提高學習的動力。

了解高齡學習特性，助長輩一臂之力

長輩普遍自尊心強、學習自信低，再加上主觀意識阻撓，即使有學習意願，面對可能的學習障礙卻往往說不出口，因此，要協助他們踏出第一步，不妨先從高齡者的學習特性下手：

一、**以長者爲中心**：因生理、心理的老化、社會文化背景程度不一，高齡者在學習上十分強調個別性，在鼓勵他們學習時，應先充分了解其偏好或障礙，從課程內容、教學方式、地點、時間、學習型態等逐一篩選。

二、**現學現用**：爲了適應老化，高齡者多半偏好可立即應用於生活的學習，好比養生保健、人際互動及社會關係等課程，便常名列長輩最愛課程的前幾名。

三、**輕鬆無壓力**：長者多希望在輕鬆的心情下享受學習樂趣，故挑選課程時可以老師較重視與學生互動，常會重複示範，擅長說故事引導，或以體驗學習與分組討論方式授課為優先。

四、**高度支持**：不管是一起學習的同學，還是子女、兒孫輩，若能適時給予鼓勵與支援，長輩會因為學習有了話題與互動的機會，感覺人生再次豐富起來，活得更有尊嚴。

建立家庭以外的支持系統

人到了老年期，勢必得面臨許多失落，例如青春歲月、健康、退休、空巢、喪偶、家人朋友相繼去世等，因此，身邊非常需要良好的支持系統，當變故發生時，能適時伸出援手，化解負面情緒，否則在生理、心理，及社會因素相互影響下，常會惡化成為憂鬱症。

許多長者習慣把家庭當作唯一的倚賴，但當子女婚後舉家外移，或是平日忙於工作，長期溝通不良或自身難保，即使同住一個屋簷下，也等同於獨居，一旦心中抑鬱難解或遭逢重大事件時，礙於面子與缺乏管道求助，往往只能自己承擔。

調查指出，「社會參與」是影響老人心理健康的重要因素，**經常規律參與社區活動的老人，心理較爲健康**。因此，平日若能透過參與一些社區交誼團體、學習課程、志工團體或休閒活動，尋找自己的良師益友，互相依賴與扶持，並養成尋求心理專家諮詢的習慣，善用相關資源，或加入宗教團體，運用其間的互助系統，追求終極關懷，如此才可能在家庭支持系統失靈時，能有另一層防護網奥援。

斷捨離的練習

提倡「斷捨離」的日本作家山下英子指出，面對物品，就是面對自己，要想由內而外煥然一新，必須學會「斷」絕不需要的東西，「捨」棄多餘的廢物，「離」開對物品的執著，因爲身心是相連的，對於物品的態度會影響我們的情緒。

「斷捨離」著重的是「當下」最適的需求，強調定時清理身邊的物品，並藉由「減法」練習取捨，爲自己帶來正面能量，使生活達到「新陳代謝」的效果，且只要採取行動，便會成爲一種自動機制，有助改善運勢，甚至整體身心狀況，持續帶來良性的循環！

一旦退休了，想要過嶄新的人生，不妨運用「斷捨離」的原則，將日常生活及生命中不需要的東西與念頭，予以「斷絕」「捨棄」，才能「脫離」無意義的執著。像是捨棄已不存在的職場角色，重新尋找最適合當下的生活價值；斷絕對身邊家人不切實際的期待，懂得自主與放下；脫離沒有安全感的執著，定期清理不愉快的情緒，才有餘裕的空間思索，心境變得輕盈，人生的腳步才會更踏實。

打造年長者的旅遊計畫

就醫學的角度，對銀髮族而言，旅遊不僅可增強體能、減緩身體機能的衰退，還可以紓緩情緒、活化腦部，提高免疫力。所以，旅遊一直是各項中高齡休閒活動調查的第一名，也挹注了台灣每年一〇%以上的觀光市場收入，且每年仍持續成長。

根據旅遊專家分析，只要掌握「解決孤單」「能夠分享」以及「邊玩邊學」三大重點，便能讓長輩開心出遊、盡興而歸。

因此，協助長輩規畫旅遊計畫時，應鼓勵其邀同儕結伴出遊，因彼此年紀相仿，話題也近，還可分攤費用，依各自專長分擔工作。若請旅行團安排，則要注意行程不宜太過緊湊、景點間拉車距離不過長、逗留時間以能探索學習，達到身心靈放鬆與知識增長為主。

考量高齡長輩因行動不便、不耐久坐或對飛航恐懼，若經濟條件許可，近來盛行的郵輪旅遊也是不錯的選擇。郵輪的優點在於可由台灣直接搭船，行程中省去換旅館與整理行李的麻煩，且可依身體狀況決定是否下船遊玩，累了還可直接回房休息，加上船上的娛樂活動、餐廳、醫務中心一應俱全，降低了旅遊門檻，讓環遊世界不再是夢想。

養成運動習慣

所謂「藥補不如食補，東補西補不如運動最補」，因為中年以後若能養成運動習慣，除可維持體能、增進生活適應力，還能預防腦血管疾病、心臟病、糖尿病、高血壓等慢性病，最重要是能避免憂鬱與焦慮、降低壓力，常保心理健康。

運動開始的時機，是永遠不嫌晚與不分年紀的，以適合銀髮族的運動而言，能讓身體進行節律性及持續性的有氧運動最理想，像是慢跑、登山、自行車、游泳、土風舞、外丹功、太極拳、桌球、羽球……等，最好依照個人偏好、健康狀況、便利性來進行選擇，比較容易持之以恆。而平常亦可把握運動的機會，例如上樓爬樓梯，盡量多步行、快走，若要持續年輕時喜歡的劇烈運動，必須要注意充分熱身，且將運動量減半，否則只會對身體造成傷害。

要達到健康的效果，每週至少需運動三至四次，每次至少持續二十至三十分鐘，對剛開始運動的銀髮族，可以用「短暫運動、休息、再運動」的模式，但運動時間的總和最少要超過二十分鐘，之後隨著體能變好再持續增加。

超慢跑，低門檻的好選擇

「超慢跑」源自於日本，是由九州福岡大學運動生理學系教授田中宏曉所提倡，強調「不瘦、不痛、不硬、不喘」，不追求速度，輕鬆進行的慢跑方式，由於無需昂貴的裝備，也沒有場地限制，即使在家赤腳也可以進行。與其他運動相較，「超慢跑」看似溫和、強度較低，但卻具備高耗氧量的優點，只要持之以恆，不僅可以增強心肺功能、提升免疫力，還可以有效降低體脂，達到訓練全身肌肉的效果。

專家建議「超慢跑」該跑多慢、該跑多久，重點如下：

一、**維持輕鬆穩定的節奏**：跑步的時候，眼睛目視前方，上半身挺直，手臂自然擺動，可以搭配音樂或節拍器，以每分鐘約一八〇步的步頻維持速度及節奏。

二、**不傷膝，腳步「輕輕落地」**：每個步伐，採取前腳掌先著地，腳後跟再輕觸地板的方式，膝蓋保持微彎，避免蹬地或跨步，減少關節的衝擊。

三、**可分次、分時，循序漸進**：剛開始可從十分鐘開始，每天三次，熟悉後，再依體能每次增至二十～五十分鐘，若有設定瘦身或肌耐力培養的目標，則可延長到一小時，若想穩定血糖，可於飯後一小時內進行二十分鐘的超慢跑，效果顯著。

管好三高，從飲食下手

「三高」，指的是高血壓、高血糖與高血脂，若再加上腰圍超標，就代表進入了「代謝症候群」的地雷區，隨時可能引發心血管及糖尿病等慢性疾病，導致一連串的併發症，嚴重的還會造成失能與殘障，甚至喪命。

預防或控制代謝症候群，可以從飲食的源頭下手，以下四大原則不可不知：

一、**少油**：烹調以蒸、滷、燙、涼拌、烤、燒、燉等爲主，或使用橄欖油、芥花油、花生油等不飽和脂肪酸，少用飽和脂肪酸高者如豬油、奶油、椰子油、全脂奶類等，以及富含反式脂肪酸的油脂，如氫化植物奶油（瑪琪琳）、烤酥油等。

二、**少鹽**：多選擇當季新鮮的食材烹調，飲食以清淡自然爲佳，盡量不碰罐頭及醃製食品，並減少味精、豆瓣醬、沙茶醬等高鈉調味品的使用。

三、**少糖**：甜點及含糖飲料能不碰最好，蔬菜、水果、未加工豆類及全穀類等富含纖維質的食物則多多益善。

四、**低膽固醇**：減少食用內臟、魚卵、蟹黃、蛋黃等高膽固醇食物的頻率，其中，每週蛋黃攝取量以不超過二至三個爲原則。

定期健康檢查，預防疾病上身

過了六十五歲，進入健康的高風險區，健康檢查變得更爲重要，依據《老人福利法》規定，全國各縣市衛生主管機關需針對六十五歲以上長者，每年舉辦免費的健康檢查，若想定期檢視身體狀況，又想節省健檢的預算，可將政府此項服務納入例行活動。

健檢前，不妨參考國民健康統計與自己的家族病史，看有什麼慢性病與癌症的潛在可能性。例如，以國人十大死因來看，腦中風、心臟病、糖尿病、腎臟病等都跟血壓、血糖有關，因此，注意血壓、血糖、體重、腰圍、血脂、尿酸等數字控制，以防常見的慢性疾病上身。在癌症篩檢方面，包括乳癌、子宮頸癌、大腸癌、口腔癌，以及肝腎功能等檢查，對長者亦很關鍵。其他如透過胸部X光，早期發現慢性下呼吸道疾病，或利用憂鬱症篩檢、失智症認知功能、跌倒風險等評估，皆可降低身心罹病風險或惡化速度。

由於各縣市此項檢查多與轄區內醫院合作，採預約方式並限制名額，長者在選擇檢查的地點時，最好能優先考慮平常看診的醫院，因爲若健檢的結果能與過去病歷整合，將更有利於解說醫師的綜合判斷。

讓沙場老將再創高峰

許多長者在職場累積了一身本領，身體也保持得不錯，即使還能有所貢獻，卻得受制於退休年限，時間一到只能選擇離開，這對個人而言不免遺憾，對社會亦是一種損失。正因爲如此，有愈來愈多對工作仍抱持著熱情的銀髮族，打破「退休等於養老」的法則，決定重回職場或是自己創業，藉此開創人生另一高峰。

當再度踏上求職之路，得先分析自己資歷、專長的優勢與劣勢，清楚知道自己的需求與底限，並運用過去所累積的人脈，盡可能尋找機會並放寬條件，若無法覓得正職職務，可以以專案、兼職或派遣方式退而求其次，或是選擇加入基金會、協會、慈善機構等非營利組織擔任志工，繼續發揮專長。

若想自己當老闆，由於中高齡創業的機會成本較高，事前必須謹慎評估：自己的性格是否積極與自律？創業的項目是否爲熟悉的領域，做自己懂的東西？人脈部分，是否已將創業夥伴、潛在客戶、策略夥伴布局成型，確保上路後業務無虞？關於資金，除了創業金外，是否已備好一筆周轉金，以備不時之需？

另政府爲鼓勵中高齡再就業或創業，特別提供經濟弱勢的退休族就業促進津貼，以及創業貸款利息補貼，金額雖然不高，對於救急或緩解經濟壓力，可謂不無小補。

第 2 章

為財務做準備

退休後至少要準備多少錢才夠用？

退休生活想要富足無虞，應有準備兩個帳戶的觀念，一是**日常花費帳戶**，另一則是**醫療保障帳戶**。

首先，關於日常花費帳戶，該準備多少才夠？

以六十五歲退休到八十歲（國人平均餘命）爲例，根據主計總處二〇二二年家庭收支調查，主要收入來源爲六十五歲以上老人的銀髮家戶，平均每月消費支出約爲四．八六萬元，再以主計總處於二〇二四年首度公布的「高齡家庭消費者物價指數」高齡家庭通膨率

圖一、退休後要準備多少錢才夠用？

退休金 ＝ 日常花費帳戶 ＋ 醫療保障帳戶 － 社會保險養老給付 － 雇主退休金給付 － 個人在退休前累積的儲蓄所得

爲二．八〇％計算，退休夫妻要維持十五年間的基本開銷，大約得準備一千五百萬左右；若還有房貸、租金的壓力，或是希望有休閒旅遊的安排，每年得加上十至二十萬不等的花費，就得再多備足一百五十至三百萬支應。而長壽亦是一項考量，若要保有經濟與尊嚴的餘裕，就得再多留五至十年的彈性。

其次，關於醫療保障帳戶部分，以國內六十歲以上的長者，平均每人每年超過十萬元的醫療花費，意味退休後至少要準備一百五十萬，才能應付基本的醫療開銷；若加上外籍看護費及相關費用，每月約二萬五千至三萬五千元，以及輔具、營養品、消耗品等開銷，又是一筆爲數不小的金額。因此，此部分除了估算並準備可能的費用，還要透過醫療相關保單分散退休後醫療風險。

綜合以上，退休後至少要準備多少錢才夠用，得將以上兩個戶頭所估算的費用加總，扣掉社會保險養老給付（勞保及公保）、雇主退休金給付（勞退新舊制及公務人員退休金給付），以及個人在退休前累積的儲蓄所得，就是未來需補足的退休金缺口。

為長輩「保單健診」，掌握兩大優先原則

父母輩過去忙於工作，保險的觀念與資訊不如現今充足，由於保險投保年齡多有限制，在邁向人生另一階段之際，子女應協助家中長輩做好保單健診，在還來得及補救前，把握保障補強的最後機會。

若想知道長輩過往買過哪些保險，不妨利用壽險公會提供的「保險存摺」網站及APP，幫父母或自己免費註冊會員，就可以立刻知道名下擁有的各家保險公司的所有保單，至於每一張保單的細節，則需付費一百元升級爲白金會員才能

使用。

掌握長輩過往的投保明細後，可洽詢熟悉且信任的專業保險顧問或保險經紀人，請其協助「保單健診」，提供完整的「保單健診報告」，並針對已有的保險和缺口進一步諮詢，根據長輩的需求、預算及保險公司的投保規則，進行意外保障、壽險保障、醫療保障補強或刪減。

其中，以下兩大攸關醫療險的優先原則，不可不知：

原則一、調高實支實付醫療限額

由於健保2.0的實施，加上醫療科技與醫藥生技的進步，產生許多高昂的自費項目，也讓「實支實付」型醫療險，成爲補強醫療保障的優先考量。實支實付險當中，拉高雜費到三十萬以上，是許多保險專家的建議，然而，二〇二四年七月一日之後，金管會要求保險業者回歸「損害賠償原則」，此後各保險公司也不再接受客戶投保第二家實支實付。因此，想幫父母調高實支實付的讀者，務必與專業的保險顧問或保險經紀人進行瞭解，因應新規定，找出最佳解決方案。

爲因應現況，目前有以下三個方案可供參考：

方案一：**加購「自負額型」實支實付醫療險或在原保單更換險種提高醫療保障，以補足保障缺口**。由於各家公司的轉換規則（部分甚至要求需要體檢）及商品不同，建議可初步洽詢該公司服務中心或業務員。

方案二：**直接加購「定額給付型手術險」「住院日額型保險」或「終身醫療險」**。以上皆為定額給付型商品，與實支實付相關限制無關，可即刻強化醫療保障。

方案三：此為下下策，也就是**打掉重練**。若原來實支實付額度真的很低，雜費限額可能不到十萬甚至更低，父母身體仍然健康，也無既往症或理賠史，並且可通過一定程度的體檢項目，則可評估考量重新規畫，更換成現代版的實支實付商品，但務必確定可以投保新的險種後再做轉換，否則可能兩頭落空，連原本的保障都沒有了。

原則二、優先補足罹患癌症一次金及重大傷病卡保險

當罹患癌症或重大傷病時，通常會讓長輩面臨重大的打擊，並可能產生收入中斷和龐大的醫療支出壓力。在考量補足醫療保障時，更要預備罹患癌症及重

大傷病時的大筆支出，這也是過去保險商品較不足的地方。最近二、三年走紅的明星商品，包含針對罹患癌症就賠的癌症一次給付類型保險，以及重大傷病卡保險（只要符合重大傷病卡資格，見卡就賠，或者取得相應程度的診斷證明書），CP值高，是不錯的選擇。

不可忽略的長照險

到底要不要買長照險或失智險？怎麼買最聰明？

首先，**在購買長照險、失智險前，得先評估自己保障不足的地方，以及保費負擔能力，若長輩在醫療險部分的保障有較大的缺口，建議參考前述優先原則，以補足醫療險爲優先**。

其次，坊間常以失智症盛行率及照顧費用高昂，做爲長照險或失智險的銷售訴求，**購買時需清楚理賠給付門檻，以及理賠啓動的時點，能不能符合實際的照顧需求，適時與龐大的支出銜接**，否則當花錢如流水之際，長輩病況卻遲遲無法達標，有可能讓保險的美意，無法在關鍵時刻發揮功效。

關於長照險或失智險的理賠條件，一般分爲生理功能障礙或認知障礙來認定。生理功能障礙：指的是被保險人經醫院專科醫師依巴氏量表（Barthel Index）或依其它臨床專業評量表診斷判定，關於進食、移位、如廁、沐浴、平地行動及更衣等六項日常生活自理能力持續存有三項（含）以上之障礙。認知功能障礙：指的是被保險人經醫院專科醫師診斷判定爲失智狀態，且依臨床失智量表評估達中度（含）以上者。

若決定購買長照險或失智險，須留意年齡及健康限制的購買門檻，一般而言，年齡上限多爲六十或六十五歲且得身體健康，若已有高血壓等慢性病，只要誠實告知，透過適度的體檢評估，保險公司仍有機會承保。

在長照險險種選擇部分，一般有身故還本型及不還本型，後者當然比較便宜，若預算充足，則建議選擇身故還本型，因此而返還的保費，部分保險公司條款會載明是壽險給付，有「預留稅源」的附加價值。另外，若預算有限，則可以失智險爲主，或選擇長照險定期型每年繳費到八十五歲或九十歲的商品，雖然繳費年期較長，但保費會相對便宜。

至於理賠內容，依照各家公司商品不同，一般會在符合理賠條件時，先給付一筆長期照顧一次金，協助改善家裡照顧環境，接著按照購買的額度，持續給付每月的分期照顧金。要注意的是，每月的分期照顧金給付也是有上限的，通常以十五年左右爲主，實際年限依購買的商品內容而有所差異。

以小額終老保險補強保障

金管會爲普及高齡者的基本壽險保障，於二〇一七年力推的「小額終老保險」，具有免體檢、投保門檻低、保費便宜等特色，從開始每人只能買一張、保額最高三十萬，到二〇二三年放寬到每人能買四張、保額最高九十萬，吸引不少保戶的關注。小額終老保險究竟有哪些特色？

一、**投保年齡大幅放寬**：一般壽險投保年齡多爲六十五歲；小額終老保險最高投保年齡可至八十四歲。

二、**原則上免體檢**：一般壽險有體況或超過規定年齡就得體檢；小額終老保險，只需誠實塡寫健康告知事項，體況處於次標準體亦能承保。

三、**保費較傳統壽險低**：小額終老保險保費比一般終身壽險便宜，分為六、十、十五、二十年四種繳期，最低投保金額十萬元即可成立。不過，依規定小額終老保險的「投保年齡」加「繳費年期」不能超過九十歲，年齡愈大可選擇的繳費年限愈少，需繳的保費也會高出許多，因此投保前得實際試算，經濟能力是否能承擔。

由於小額終老保險本身就是終身壽險，可提供被保險人身故或完全失能時之保障，保障期間為終身。不過，若投保人第一至三年內身故，將退還所繳保費的一・〇二五倍，第四年起，才會按保險金額給付。

另外，有些小額終老保險商品可附加傷害險、醫療險等保單，以及依保戶年齡給予祝壽保險金（常見為一百零五至一百一十歲），並提供網路投保，增加自行申辦投保的便利性。

善用保單「預留稅源」避免手足紛爭

保單有指定受益人的功能，保險受益人還享有每人三七四〇萬當年所得稅中保險死亡給付「免稅額」的優勢。雖然，近幾年依照國稅局的實值課稅原則，躉繳、短年期儲蓄險、理賠金額與實繳保費相近……等樣態的保單仍需計入遺產。縱使如此，保險公司在收到完整身故理賠文件時，仍會在十四天內給付保險金給受益人。

因此，**長輩可以在生前按照自己的意思，直接在保單上指定受益人，成爲子女處理相關後事以及繳交遺產稅的現金來源，達到「預留稅源」的效果**，更可避免子女手足間的爭產問題。據了解，**善用保單在生前挪移銀行儲蓄至保險公司商品的「挪儲」運動，近幾年已漸漸成爲高齡族群及高資產人士財富管理的顯學**。

退休後最適合的投資工具

一、定存：定存屬於低風險理財工具，爲防有急用時不會因臨時解單損失太多利息，可運用**「拆單」**及**「到期日區隔」**方式，將一大筆退休金拆成多筆，或將每筆到期日前後區隔，如此急需用錢時，就剛好有到期的單子可用，利息錢也不會被打折。另爲降低二代健保補充保費的費用，若按年領取利息會超過五千元時，則應改爲約定按月領息，並仔細計算單筆定存利息低於四千九百九十九元以下，以免繳納補充保費。

二、**債券型基金**：債券型基金的性質跟定存是一樣的，都是靠利息來獲利，只是債券型基金投資的標的是債券，且**海外相關產品投資報酬率會受到外幣匯兌變化及債券市場價格波動影響**，通常預期市場的利率將下跌時，債券市場價格便會上揚，利率上漲，債券的價格就下跌。雖然債券型基金短期會有漲跌，不過其風險及報酬介於定存及股票型基金的中間，只要選擇全球投資等級的債券型基金，收益率通常可達五％，也少了倒債的風險。

三、**儲蓄險**：儲蓄險的特色在於，可約定領回時間、存錢期間、存錢金額，到期時可領回一定金額。由於保單利率通常比銀行利率高，利率可以預期，加上具有強迫儲蓄的性質，還有免稅以及每年可列舉扣除額二萬四千元的優點，因而常被稱為**「養老保險」**。

四、**高股息的股票**：只要鎖定國內幾檔業績穩定成長、財務健全、股價穩定度高、高殖利率（每年配發高現金股利）的績優股，可以以「定存股」的概念，**長期持有不賣出，每年領取現金股利**，或將現金股利持續滾入，投資相同的股票，長年下來含配息、配股，再加股價增值，累積到足夠現金流後，就可完全靠現金股利過日子。不過，投資高股息的股票每年仍得檢視其營收、獲利的數據，並留意經營狀況，若公司營收和獲利大幅衰退，就要全數出清，換股執行。

五、**ETF**：近年來，國內多檔ETF募集規模皆創歷史新高，投資ETF成為超夯的話題。所謂ETF（Exchange Traded Fund），中文稱作指數股票型基金，是由投信公司發行，藉由追蹤市場主要指數，降低集中投資單一公司股票風險的投資標的。買進一檔ETF，等同買進一籃子的股票，其中可能是各大產業的優質公司，也可能是特定主題類型的組合。

相較傳統共同基金，ETF具有四大優點：一是交易方便，可以像股票一樣進行買賣；二是成本低廉，管理費及內扣的成本較低；第三則是分散風險，由於以追蹤指數表現爲目標，投資分配相對分散；第四是資訊透明，因持股依據指數，可至發行公司網站觀看持股內容做爲投資判斷，十分適合希望透過長期投資達到穩定報酬的人。

「不能沒有ETF，但也不能只有ETF」。當股市迎向多頭，許多人看準高股息ETF可以股價、股息兩頭賺，不過，如同專家提醒：**應從資產配置的角度，掌握多元與均衡的原則**，別把雞蛋放在一個籃子，當局勢丕變之際，才能眞正達到分散風險的效果。

關於投資，該避開哪些風險？

一、**貪圖外幣定存的高利率**：不要以爲外幣定存掛有「定存」二字就毫無風險，許多人爲了多賺一點利率，就把錢轉進外幣定存，卻忽略匯率波動的風險，常常還沒賺到高利率，就先賠上了匯差，自此住進「套房」讓心情七上八下。

二、**跟著投顧老師玩股票**：許多退休族迷信所謂大師、名嘴報明牌進出股市，事實上，當市場呈現多頭格局時，幾乎所有個股都會大漲，透露的明牌當然神準，但當景氣反轉，市場空頭來臨，就容易損失慘重。因此，想要投資股票還是得靠自己鑽研，不隨風起舞，若不懂股票就別碰，找到自己熟悉的理財工具，穩穩向上累積，也許沒有驚喜，但絕對不會驚慌。

三、**將重本押在房地產上**：除非資本夠雄厚，否則買房子實在不該是退休理財的選項，因爲長達二十年的房貸，會不斷吃掉你的現金，若這段期間需要用錢，或有其他的投資機會，房貸就會成爲絆腳石，不但讓自己陷入資產的負債，還會讓生活壓力倍增。

四、**錯把保單當投資**：投資型保單常見的糾紛，如第一年保費是拿來支付保單費用並不作投資或投資金額不高，根本沒有報酬率可言，加上保險人員對複雜的投資市場不一定有能力做正確判斷，一旦投資組合配置不佳，便會讓保戶慘遭套牢。因此，爲了避免血本無歸，投保還是要回歸到保險本身，千萬不要把保單當投資，以爲將來會「增值」，卻忽略投資也可能「慘賠」，到最後落得投資不成，保險也落空的窘境。

詐騙持續進化，小心老本被吃光

投資理財與否，得看長輩的個性量力而爲。面對近年來詐騙手法千變萬化、無孔不入，該如何保持警覺，守住老本，不讓心血一夕之間化爲烏有，恐怕才是首要之務。

從二〇二〇年起，台灣詐騙金額及件數便直線攀升，手法從「猜猜我是誰」、假綁架、假檢警的電話詐騙，到臉書購物詐騙，以及盜用名人肖像，搭著時事、重大社會事件的一頁式網購詐騙。近來詐騙手法更加進化，以受騙金額最高的類型「假投資交友」爲例，便是藉「帥哥」或「美女」頭貼，以社群媒體或網路交友軟體搭訕被害人，將其加入不明投資群組誘騙投資，其中無論老哏或新哏皆有人上鉤。根據調查，光是二〇二三年，一年間詐騙報案就超過三萬五千件、受害金額超越七十九億，雙雙打破紀錄。

進一步分析詐騙時段及類型，依警政署「一六五防詐諮詢專線」統計顯示，集中在白天的詐騙型態，對象大多針對長輩，手法以「猜猜我是誰」或「假檢警」爲主；傍晚開始，型態轉成「解除分期付款」和「假名人投資詐騙」；若遇到重大事件，例如疫情流行期間，則會不斷出現假藉政府單位通知的釣魚簡訊，藉此吸引受害者點擊連結，進一步到ATM處理、匯款到指定帳戶、誘騙到超商買點數等，掉入詐騙集團設定的陷阱中。

如何防止長輩被詐騙？

一、**提醒長輩注意詐騙常見關鍵詞，隨時保持警覺**：警務單位分析詐騙集團的手法及用詞，統計出常見的關鍵字句，例如「監管帳戶」是假檢警最愛用來恫嚇受害者的關鍵詞；「健保卡被盜用」則是假醫療最常用的關鍵字；線上購物資料被盜，詐騙集團會以「解除分期付款」的說法，指系統設定錯誤，要求長輩前往操作ATM匯款。

因此，不妨提醒長輩，當接獲來電顯示開頭帶「＋」號、「＋2」、「＋886」等號碼，以及電話中如聽到以上關鍵字詞時，請他立即掛斷，或撥打一六五、一一〇或向當地派出所查證。

二、**使用 LINE 勿隨意點選連結及進行帳號驗證**：許多長輩喜歡加入 LINE 群組，轉發貼文、互通有無，詐騙集團也看準這點，透過「二類連結」盜取帳號。

第一類連結，通常會利用新聞時事的名義，製作各種假網站，透過 LINE 聊天室或臉書傳訊息，誘騙長輩點選至假網頁上填個資，填完後帳號就會馬上被盜走。第二類連結則會要求長輩開啓「移動帳號設定」，只要打開設定，等於將帳號直接送給詐騙集團，除了導致自己的帳號無法使用，還會在渾然不知的情況下，遭詐騙集團冒名向親友借款。

因此，平日除了要注意 LINE 帳號密碼不外流，代收簡訊認證碼不回應；若接到親友傳 LINE 借錢或要求代購遊戲點數，千萬別急著義氣相挺，務必直接致電本人查證是否確有借錢情事，並撥打反詐騙諮詢專線一六五查詢。

若 LINE 帳號遭盜用時，可至 LINE 軟體中「其他→設定→我的帳號」，取消勾選允許自其他裝置登入，並變更密碼。

如密碼已遭歹徒變更，可至LINE公司網站（https://contact.line.me/）填寫「問題反應表」，經確認該帳號遭盜用，LINE公司會於二十四小時內與用戶聯繫，並視個案情況協助用戶處理。

三、**從手機及市話端阻絕**：爲避免長輩接到詐騙電話，在手機部分，可以協助其下載反詐騙、騷擾來電辨識的手機APP，一旦來電被系統視爲騷擾或詐騙電話即可拒接；家中市話，則可挑選能目視來電號碼的液晶顯示電話，並將長輩常用電話號碼預設於話機中，協助長輩辨認來路不明的電話。

另對於網路、手機上無法判斷眞僞的網站及訊息，可下載警政服務APP，善用其「可疑訊息分析」功能，透過截圖方式上傳給一六五專線人員，協助辨認是否爲詐騙訊息或假投資網站，阻絕接觸詐騙集團的機會。

四、**至銀行、地政事務所、法院設定通報及防護機制**：在銀行或地政事務所臨櫃部分，因遭遇金融詐騙事件已有經驗，多設有關懷及提醒通報機制，可請求其以長輩身分證號註記控管，並於相關外匯交易畫面提醒警示，一旦長輩匯款時，須通知緊急聯絡人確認，做好財務安全預防。若長輩的認知、精神上有障礙，生活仍有自理能力，如輕度智能障礙、輕度失智，則可向法院聲請輔助或監護宣告，藉由法律保障其財務安全。

另在轉帳部分，為降低誤遭詐騙時轉帳的損失額度，可協助長輩將銀行帳戶每日轉帳或提領金額設定上限，減少大筆金額的轉出，並設定即時簡訊或電子郵件通知緊急聯絡人。

五、**常常報平安，了解長輩財務狀況**：即使猜猜我是誰、假綁架、假檢警的電話詐騙已經老掉牙，迄今仍常有長輩上當。這些老哏之所以能一用再用，無非抓住長輩對家人行蹤不了解及對自己存款的不安全感。因此，家人間養成平日互相關懷的習慣，熟悉彼此工作模式及緊急聯絡的管道，藉此降低焦慮感，避免衝動行事，也可分享一些常見的詐騙新聞、話術，讓長輩提高警覺，若有需要可協助長輩列出財產清冊並進行財務規畫。

被詐騙了該怎麼辦？

一、**撥打一六五專線，並儘快至派出所報警**：許多人遭遇詐騙，第一時間多會求助銀行客服要求止付，事實上，最有效率的做法應先撥打「一六五反詐騙諮詢專線」，向專線員警陳述案情、詐欺帳戶及匯款金額，由其通報金融機構「圈存」該筆款項，阻絕詐團領出或轉匯。並在「圈存」的二十四小時時限內，儘快帶著匯款證明，前往最近的派出所報案，透過警力將詐欺帳戶設爲警示帳戶，進一步凍結此一名下所有相關帳戶。

二、**當警方及時凍結戶頭時，至所屬銀行領回款項**：若受害之際，警方能及時凍結人頭帳戶，代表能追回被騙走的款項。屆時帶著身分證、印章、報案時的受理案件證明單、匯款證明，前往人頭帳戶所屬的銀行分行，塡寫「返還滯留於警示帳戶內剩餘款項申請書」，簽署「警示帳戶剩餘款項返還切結書」，歷經約二到三個月的驗證程序便可大功告成。不過，若詐騙規模龐大、涉及的人數眾多，有時得耗費更長的時間，等待案件訴訟結束後才能領回。

三、**當款項已被詐團領走時，可向其提起附帶民事賠償告訴**：若錢已被詐騙集團提領一空，就必須透過司法訴訟來追討。此時須儘快保存通聯紀錄、相關對話截圖，切忌負氣刪光所有資料，以LINE爲例，就算對方關閉群組，只要不退出，仍有機會收集到之前的對話資料以爲佐證。

善用信託，護老本保自尊

許多長輩爲了降低子女經濟壓力，多會自籌養老金，靠自己的力量安度退休生活。但老人家身邊留著一筆資產，難免會引人覬覦，例如有時子女或親朋好友急需調頭寸，在人情相求下，借出後常有去無回，加上近來詐騙集團猖獗，若一時不察或心智狀況改變，退休金瞬間就可能化爲烏有。

爲了保護這含辛茹苦攢來的「老本」，又能不向子女伸手以維持尊嚴，許多長輩會透過信託的方式，將財產交由信託業者（提供信託業務的銀行或證券商）擔任受託人，與其簽立信託契約，約定信託目的、財產管理方式、受益人、財產歸屬及交付方式等，並將信託財產移轉至信託業者名下，依信託契約，爲長輩管理或運用該筆信託財產，直到信託關係結束爲止。

信託最大的優點，在於可以擁有財產及安養規畫、保有財產掌控權及節稅、資產保護及延續、財產適當分配及專款專用、當存款帳戶預存養老金等好處。

一、**財產及安養規畫**：金管會近年推動的「信託2.0」，由中華民國信託業商業同業公會規畫的新一代「安養信託」，便是將傳統財產管理的信託，納入照顧相關資源的服務，諸如安養機構、復康巴士、生活祕書等資源供其選擇，以及居家照顧、健檢安排、醫療接送、輔具設備、機構入住與福利申請等服務，陸續爲高齡長者規畫出多元化的信託商品。委託人可以設定定期給付（每月、季、年）、特定用途支用（如：生活費、教育費、養護機構費等）等方式，讓受益人能夠確實受保障。

二、**保有財產掌控權及節稅**：長輩透過信託契約，除了可以決定財產的受益人及分配的比例，避免因部分家庭成員複雜而產生因爭產對簿公堂的問題，還能透過分年贈與結合信託，或保險金、遺囑信託規畫，約定信託財產支付予子女的時機及條件，確保資金用途，擁有完全控制財產的權力，並享有時間所帶來的折現利益節稅效果。

三、**資產保護及延續**：根據《信託法》規定，信託財產具有獨立性，無論受託人欠債、破產，基本上債權人皆無法要求以信託財產還債及強制執行，除非是信託前就存在於該財產的權利，或因處理信託事務所生的權利才屬例外。即使委託人過世，信託關係仍然會存續，受託人仍會根據信託契約繼續管理財產並交付給受益人，直到信託契約的目的實現。當受託人爲辦理信託業務的銀行時，同樣也不會因爲銀行被併購或整併，而讓信託失效，可由新的受託銀行繼續執行信託的約定。

四、**專款專用**：若子女擔心罹患失智症的長輩照顧財源無著，又擔心長輩的資產遭人覬覦，可由子女之一擔任監護人代理長輩簽訂信託契約，以長輩爲信託契約之委託人及受益人，並由其他子女共同擔任信託監察人，將資產交付信託，由受託銀行固定每月撥付支付相關醫療照護費用，抑或兄弟姊妹想集資讓父母養老，又怕交給某個手足保管可能衍生其他問題，亦可透過信託規畫，以確保資金專款專用於照顧長輩，又可避免手足因財產管理而產生紛爭。

五、**當存款帳戶預存養老金**：對於獨身或沒有子女的人而言，近來許多金融機構推出的「預開型安養信託」產品，便是讓民眾可在青壯年階段，就先以少量信託財產成立安養信託，再隨年齡增加逐步追加信託財產，預約未來依照信託契約給付日常生活費或醫療養老費用給自己。

此類產品未開始給付信託財產，就不用支付信託管理費，平常可將信託帳戶當作一般存款帳戶，將資產交付信託，配置在活存、定存上，或交付有價證券（如股票、ETF），但若有理財，銀行則會收取信託管理費。

辦理信託的注意事項

一、慎選信託受託人（機構）

依信託業法規定，目前可申請經營信託業務者，除專營信託業務的信託公司外，僅開放銀行、證券投資信託事業、證券投資顧問事業及證券商可以申請兼營信託業務，前述機構以外的法人或律師、會計師、自己親友等自然人，並非信託業法認定的信託業，無法經營信託業務。

由於信託的存續期間，短則一年，長則三十年以上都有，時間一拉長各種風險因素都會增加，因此挑選安全、長期穩健營運的機構甚爲重要。一般而言，挑選信譽良好的銀行，在資金、人力及流程上會更有保障，且銀行受信託業法嚴格的規範，對委託人及受益人權益保障較爲妥善。

二、是「自益信託」還是「他益信託」？

所謂**「自益信託」是指用財產來照顧自己**：若委託人將財產交付信託，並指定自己爲受益人，即委託人與受益人同一人，例如長輩將名下的財產辦理信託，用來照顧自己未來的生活；此時委託人爲長輩（兼受益人），而非長輩的子女。而**「他益信託」則指用財產來照顧他人**：委託人將財產交付信託，指定受益人非委託人自己，即委託人與受益人不同人，例如長輩將自己名下的財產辦理信託，約定照顧子女，此時委託人爲長輩，受益人爲子女，或是長輩的子女提供金援，將集資的費用信託，約定照顧長輩，此時委託人爲子女，受益人爲長輩，屬於他益信託。

三、留意各項信託相關費用

簽約費是在簽訂信託契約時，一次性收取的費用，通常是以契約複雜度作爲計價標準，若爲身心障礙者，部分信託業者會提供優惠減免。待信託開始生效後，需給付管理費，管理費是以信託資產總額去計算，許多收費方式都以年率做計算，但費用通常是按月收取。在信託存續期間，若要申請修改契約內容，便須支付修約費用，通常是以次數或修改幅度作計算。

另關於信託監察人的報酬，則視契約中的約定而訂，一般而言，若要委託社福團體擔任監察人，各機構常會依個案的獨居、智能障礙、肢體障礙程度，以及訪視條件的評估估算費用，信託公會網站上有相關資訊可以參考。值得注意的是，如果受益人不是委託人本人，屬於「他益信託」，交付信託的財產就屬於委託人贈與受益人的財產，若金額超過贈與稅免稅額規定則需繳納贈與稅。

四、尋找合適的信託監察人

信託監察人多由委託人指定信任的親友或社福團體來擔任，信託監察人必須簽署願任同意書供銀行留存。約定信託監察人，由信託監察人在萬一自己失智、失能時，可以監督銀行信託資金的使用依照信託契約條款執行。信託監察人除了確保資金運用依照契約，當安養信託修約、終止或有重大財產管理需求時，也須取得信託監察人同意，來幫助委託人確保安養信託的穩定性與保留財產管理彈性，避免資金遭到侵占或不當挪用。

倘若在委託人指定信託監察人之前，就發生失智或失能等情況，導致其無法自行指定、選擇信託監察人，這時則可依信託法相關規定，由法院依利害關係人或檢察官的聲請來選任信託監察人，銀行也會提供協助。

另外，長輩指定自己子女擔任信託監察人，這類由親友擔任監察人大多不會支付報酬，但若希望由第三方社福團體擔任信託監察人，則多半需要自行簽訂委任契約，並約定雙方權利義務及報酬支付金額，估算信託存續期間可能累積的費用，避免以信託專戶資金支付後，使信託資產寥寥無幾。

五、添加特殊狀況取款條文，增加契約彈性

由於信託財產受到契約保護，不像存款一樣可以隨時自由提領，爲了應付突發狀況可能的急用，記得在簽訂信託契約時，添加因應特殊狀況取款的條文，並加入信託監察人（可由一人或數人擔任）的協助，藉此讓信託契約更有彈性，也能透過第三方爲委託人及受益人把關。

六、簽訂信託契約須全員到齊

辦理信託前，委託人需先備妥信託財產的證明文件，以利受託人評估，避免有資產不能納入信託管理的情形，並確認分配信託收益的時點，以何種方式給付等內容。由於簽訂信託契約需委託人、受託人、受益人及信託監察人（若契約內有約定）等所有人在場，若事涉未成年子女，其法定代理人也須一併到齊，全員確認內容後親自簽名方能進行。

以房養老，助長輩活化資產

許多長輩爲了養家活口，讓全家有棲身之處，窮極一生買房付貸款，到了退休養老階段，卻「窮得只剩下一棟房子」。

近年來政府積極推動「以房養老」政策，就是在國外盛行已久的「不動產逆向抵押貸款」，作法是將持有的房屋設定抵押給銀行，等銀行鑑價後估算放貸額度，在設定的年限內，銀行會每月撥款給房屋所有權人，供其作爲養老金，因貸款模式與一般房貸的資金流向相反，因而稱爲「逆向」抵押貸款。

以房養老的優點，在於長輩可以住在抵押的房子裡，每月固定領取銀行支付的款項維持生活，避免因生病或失能影響收入，還能減輕子女支應的經濟負擔。因此適合偏好在宅養老的長輩，而擁有多間房產的長輩，亦可善用此一政策，活化資金規畫，提高生活品質。

以房養老，留意年齡限制及實際金額是否符合所需

不過，因承作成本、風險較高，目前市場上承辦件數最多的都是公股銀行，且估價及核貸款較爲謹慎，一般多爲五成，最高只到七成，以一間市價兩千萬的房子，大約只能核貸到一千萬到一千四百萬，核算後按月提領的現金是固定但非穩定，到了第二個月，會開始內扣利息，實領金額會逐月遞減，若遇利率上漲，每月金額會更少，直到扣息上限達到月撥款金額的三分之一爲止，後續每月就持續該金額，利息的部分則會持續累算，等到合約到期後銀行清算房產價值時再全部一併扣除。

目前以房養老的年齡限制最低爲五十五歲，期限最長三十五年，銀行考量未來出售的金額及難易程度，願意承作的多半以都會區爲主，位處偏鄉的房產核貸的機率較低。另外，儘管是以房養老，長輩仍爲房屋的所有權人，房屋稅、地價稅、修繕費等房屋維護等基本支出，一樣得由長輩支付，更重要的是，貸款年限亦可能因長壽衍生出其他問題，屆時若長輩仍健在，可能會面臨房產被拍賣或需要倒貼利息的窘境。

第3章

認識安養機構

不是每個高齡者都適合自宅養老

根據調查，六八％的六十五歲以上長者，希望老了之後能和子女住在家裡，願意去住安養機構的不到二％，顯示自宅還是長者心中最理想的養老地點。

即便如此，並不是每個長者都適合住在自己的家裡，因爲只要具有以下狀況，都可能讓溫暖的家變成意外的溫床：

一、**居家環境不佳**：如果居家條件不適合年事已高的長者，如位於高樓且無電梯、動線障礙物多容易造成跌倒，或所處區域因治安不佳有居家安全的顧慮，在無法改善的情況下，便需有遷出的準備。

二、**缺乏親人照料**：無論是不婚、失婚或喪偶，獨居生活因無人照應，平日得煩憂日常生活大小事，意外發生時亦缺乏立即的協助，選擇老人公寓或安養機構，不僅能維持一定的自主性，亦能解決安全上的顧慮。

三、**配偶生病**：當銀髮夫妻有一人無法自理生活，另一半常得扛起主要照顧的重責，若狀況嚴重到得二十四小時照料，爲維持妥善的照顧品質，以及照顧者的健康，就必須仰賴照護機構的資源，而非待在家裡。

四、**身體機能衰退**：許多長者雖然外表看似健康，但因老化緣故，常常身體不受控制、力不從心，像是手腳無力、視力與聽力退化等，使得日常生活變得不便，也增加意外發生的風險。

五、**缺乏社會互動**：即便與子女同住，因世代生活步調與價值觀不同，一天可能講不到一句話或見面便叨唸個不停，長久下來難免會心生嫌隙，甚而罹患心理疾病，因此，有些長者會轉向安養設施，尋求年齡相仿的友伴，參加各式活動以獲得社會支持。

讓爸媽住安養機構，也是一種孝順

安養機構成員爲生活可自理的長者；養護機構、長期照護機構、護理之家成員爲需他人長期照護的長者；綜合多層級照護機構則兼具前三者的功能。

過去，安養中心良莠不齊，總讓人有「入住」就是「等死」的恐懼，隨著社會進步，力求專業的機構愈來愈多，除了設備先進，還配有護理、社工、照護人員，甚至各種宗教、心理治療等人才，亦有豐富的休閒活動與學習課程，吸引不少健康的老者入住，熱門的機構甚至得排上好幾年才輪得到。

因此，孝與不孝，不該再以「住家裡」或「住機構」二分法論定，而是該問彼此，哪一種方式最適合：

一、**帶長輩親自挑選與體驗**：與其要長輩「遵守」子女的決定，不如親自帶他看看未來居住環境及生活模式，許多人看完之後，態度便會完全改觀。

二、**評估居家照顧的資源**：以獨居長者爲例，考量子女多在國外或外縣市，若有突發狀況或意外，遠水難救近火。而安養機構裡有專業護士，以及二十四小時輪班的看護在照顧，相對較爲周全。

三、**經濟能力是否足以支應**：入住安養與照護機構，需支付費用除了抵押金，包括管理費、伙食費、公用與私人電費，每人每月至少約需二萬五千元以上，經濟能力會是一個門檻。

四、**家裡與安養中心互相搭配**：擔心長輩久待機構難免孤單或怕照顧不周，除了可定期探視，亦可於固定時間接長輩回家，安排孝親行程，讓子孫同樂表達孝順之意。

如何選擇優質的安養機構？

幾乎每個家庭在尋找安養機構，都會歷經貨比三家的過程。由於安養機構是針對生活能自理的長輩所設置的，因此，在挑選的時候，不妨掌握以下重點，才能覓得優質，又有保障的養老空間：

一、**參考政府相關評鑑**：衛生福利部社會及家庭署與各縣市政府社會局的網站，皆可查詢合法立案的安養機構及最新評鑑，評鑑爲優等或甲等的機構較有保障。

二、**軟硬體設備**：硬體方面，如房間設備、扶手、電梯、動線、座椅設計、呼救系統、隱私安排等是否符合老人需求。軟體方面，如社工服務、醫護服務、膳食服務、復健及緊急送醫服務等是否安排完善。

三、**周邊生活機能**：由於長者身體健康，可以自由進出活動，應將周邊交通與購物、就醫的便利性考慮進去，如此才能維持對個人生活的掌控感，去除被遺棄的感覺。

四、**學習課程**：若機構具備豐富的活動與學習課程，除了可幫助長者快速融入、結交朋友，還能接觸新知，增加成就感，帶來更多生活的樂趣。

五、**不迷信低價**：不少機構以低價攬客，強調只要五十萬、一百萬元就能一價到底，不需要支付額外費用，此類機構以量制價的行銷方式，代表多無長遠的規畫，在安全與服務品質上必然打折扣，也容易因經營不善而倒閉。

六、**具多種照護功能**：由於長輩年事已高，若已住慣了一個地方，多不愛再度移動，因此，挑選安養機構時，若同一地方亦有照顧生活無法自理的「養護」功能，比較不用擔心將來身體變化時，爲了尋覓下一個機構而疲於奔命。

第4章

避免身後繼承糾紛

爭奪家產不是有錢人的專利

為了分家產，子女間大打出手，甚而對簿公堂的事件時有多聞，但可別以為這是有錢人家才會有的煩惱，事實上，一般小康家庭若沒有處理好，一樣會為繼承的問題撕破臉，因為糾紛的開端，常常不在於「錢」，而在於「感覺」。

最常見的是「公平」之爭，像是重男輕女、長幼有序的傳統觀念，或長輩特別偏袒某個子女，儘管家無恆產，兄弟姊妹間在不患「寡」而患不「均」的心理因素作祟之下，仍可能為了區區小錢，挑起記憶中的「新仇舊恨」，加劇彼此之間的猜忌與誤解。

就算成了繼承者，也不保證都是好事，表面上父母留了財產，背後卻可能隱藏了不爲人知的負債，很多人都是被暴力討債或財產被查封後，才知道父母生前留有債務，雖然在二〇〇九年《民法》繼承篇已將「概括繼承」改爲「全面限定繼承」，讓繼承人不至於「父債子還」，但仍得將所得的遺產做爲清償之用。

因此，若對父母的財務有所疑慮，**知道自己是繼承人的三個月內，最好啟動陳報遺產的程序，也就是開具「遺產清冊」陳報法院，法院便會以公示催告的方式，要求所有債權人在一定的期限內報明債權。在法院所訂期限內陳報的債權，法院會依照債權金額比例，由繼承財產分配加以清償。沒有來陳報的債權，日後就不能對於繼承人主張任何權利。**因此，爲了避免債權人未在期限內出現，日後上門催討徒增困擾，若確認負債大於財產，不妨直接去辦理「拋棄繼承」，以書面向法院聲請，並以書面通知後一順位的繼承人，避免因繼承而惹債上身。

舉例來說，常有繼承人在父母往生多年後，才收到資產管理公司追討父母在世時積欠的信用卡款項，或是當保證人的債務。原因在於銀行整理呆帳時，多會將未清償款項，折價轉給資產管理公司，中間過程極爲冗長，以至於債務人死亡已久，子女「意外」收到債務催討通知。

若是在二〇〇九年前父母就身故的，原則上不能主張限定繼承，也就是說，父母在二〇〇九年前的債務，當時若未辦理拋棄繼承或限定繼承，繼承人就有償還的義務，但下列狀況則屬例外，可以所得遺產為限負返還責任：

一、繼承人對於繼承開始以前已發生代負履行責任之保證契約債務。

二、繼承人已依民法第一一四〇條規定代位繼承。

三、繼承人因不可歸責於己之事由或未同居共財者，於繼承開始時無法知悉繼承債務之存在，致未能於修正施行前之法定期間為限定或拋棄繼承。

舉例而言，如果女兒在母親生前已經出嫁而沒有住在一起，而且母親死亡時也沒有分到遺產，就可以主張因沒有分到遺產，且對債務不知情，不用負返還債務的責任。

是否生前就該將財產過戶給子女？

一、**節稅的考量**：生前土地贈與須繳納贈與稅及土地增值稅（稅率為二〇%、三〇%、四〇%），房屋贈與則須繳納贈與稅、契稅（稅率六%），因此，不妨先估算繼承須繳納的稅額，若扣除遺產稅免稅額、扣除額後，遺產淨額為零元或負數，生前贈與並不划算，反之，若財產數額龐大，概算應納遺產稅額極高，可考慮於生前及早規畫，分年將財產移轉，以節省稅負。

二、**自主分配財產**：由於台灣繼承制度有「特留分」與「繼承順位」規定，若長者想要充分掌控財產的支配權，將較高的比例分給特定子女，不想按照法律規定平均分配遺產，或是分給沒有法定繼承權的親友或照顧者，就一定要在生前透過贈與，或預立遺囑等方式處分。

三、**透過信託管理**：以房產信託為例，與贈與、繼承與買賣不動產移轉的差異在於，即使長輩過世信託關係消滅，只要信託契約清楚擬訂，子女無法擅自處分不動產，此舉能避免贈與後無人奉養的副作用及其他親友的覬覦。若長輩想達到照顧子女的目的，可於契約中載明由受託人將不動產出租，並將每月租金給子女，或將不動產售出後，以每年提撥的方式給予。

過戶後若子女不孝，能否要回財產？

長輩生前把財產處理完畢，雖然了卻一樁心事，但不免擔心財產過戶後，如果碰到子女翻臉不認人，未善盡照顧之責任，是否有辦法把之前給出去的財產要回來？

事實上，生前分配財產屬於贈與行爲，贈與人若想要回財產，只要掌握以下二原則，就能撤銷贈與，討回老本：

一、**附負擔與條件做爲提醒**：爲了保障贈與者的權益，民法規定，在贈與的同時可以附加「負擔」或「條件」，藉以約束受贈者的行爲。例如，支付父母生活費用的「負擔」，或多久探視一次的「條件」，當負擔或條件沒有實現時，可以撤銷贈與或主張贈與失效，進而請求返還贈與物。

二、**依不扶養、故意侵害撤銷贈與**：贈與時即使沒有附負擔或附條件，當子女不孝時，在一年內還是可以依據規定撤銷贈與，包括分得財產的子女不履行扶養義務，或是對贈與人、贈與人的配偶或直系血親（兒女、孫子等）、三親等內旁系血親或二親等內姻親，有故意侵害之行為，依刑法有處罰之明文者，例如辱罵（公然侮辱）或虐待毆打（傷害罪）等。不過，只要取得贈與人的表示原諒，贈與的撤銷權就會消滅（可參考《民法》第四一六條規定）。

死後留下來的，不一定都是遺產

無論你是想預立遺囑，還是要繼承財產，都要先有所謂「遺產」的概念，因為不是所有的資產，在死後都會順理成章的變成「遺產」。整體而言，要知道真正的遺產有多少，可以依此公式計算：

遺產＝資產－債務－配偶應分配的財產（依夫妻財產制）－稅捐

一、**資產**：依國稅局規定，不動產是以長輩死亡時的時價；土地以公告土地現值；房屋以評定標準價格為準；有價證券則以繼承開始日的收盤價或加權平均成交價估算。至於汽車、珠寶、字畫等動產則須自行探詢市場行情。

二、**債務**：依據《民法》第一〇二三條規定，夫妻的債務由個人各自負責，除非有約定的共有財產，否則需直接由負債的一方清償。

三、**配偶應分配的財產**：依據我國法律對於夫妻財產制的規定，死者的配偶有剩餘財產請求權，也就是配偶可先拿走夫妻財產差額的一半，其餘財產才會變成其他人可繼承的財產。

四、**稅捐**：「遺產稅」的應納稅額，是按被繼承人的「遺產總額」，減除「免稅額」一千三百三十三萬元及各項「扣除額」如「配偶扣除額」「直系血親卑親屬扣除額」「父母扣除額」「喪葬費扣除額」等的「遺產淨額」。

再依課稅級距金額，淨額五千萬元以下者，課徵一〇%；超過五千萬元至一億元者，課徵五百萬元，加超過五千萬元部分之一五%；超過一億元者，課徵一千二百五十萬元，加超過一億元部分之二〇%計算而來。

須提醒的是，被繼承人死亡前二年內贈與配偶、子女、孫子女、父母、兄弟姊妹、祖父母，及其親屬配偶的財產，一樣得併入遺產總額課稅。

五、**指定受益人的保險金**：根據《保險法》第一一二條規定，人壽保險有指定受益人，雖不列入遺產總額課稅，但依《所得基本稅額條例》規定，一旦超過死亡給付全年合計免稅額（三千七百四十萬元），超過的餘額便需要計入所得稅計算。

綜合以上，舉例來說，若張先生有存款二千萬元，債務二百萬元，妻子名下有價值一千萬元的房產。要計算張先生的遺產，必須先將存款扣除應償還債權人的二百萬元，再扣除妻子應分配的四百萬元（即一千八百萬元減去一千萬元後，差額的八百萬元再除以二），剩下一千四百萬元，再依繼承人數的免稅額扣除後計算應繳的遺產稅，繳完稅後，剩下的財產才能進行分配（圖二）。

未立遺囑可能產生的六種困擾

被繼承人如果沒有立遺囑，很有可能會帶來困擾。總的來看，主要可能產生六項困擾，包括：

圖二、張先生有多少遺產？

存款2000萬元，債務200萬元，妻子名下有價值1000萬元房產

2000萬

－ 200萬債務

－ （1800萬－1000萬）÷2

＝ 1400萬

所以，張先生的遺產共有1400萬元。

一、**衍生分家產衝突**：若長輩沒有立遺囑交代財產分配方式，死後法律就會以平均分配做爲處分原則，這對在長輩生前付出較多的人，難免會心生不滿，進而衍生出分家產的衝突。

二、**財產難以分割**：財產可分爲動產與不動產。不動產在分割上糾紛最多，若遺囑中定有分割方法，或註明委託他人代定者，法律上就會依遺囑規定進行，否則就只能靠彼此協議，一旦協議不成就得上法院請求裁判分割。

三、**財產範圍的認知落差**：配偶之間，哪些是分別財產？哪些是共同財

產？若未事先在遺囑載明，這些都有可能產生認知的差異，造成配偶與子女間的紛爭。

四、**口頭約定難落實**：口頭約定若沒有設定正式的遺囑，少了白紙黑字，還是可能會無效，無法落實。

五、**無法自由支配財產**：我國法律「特留分」規定，是爲了保障繼承者的權利，若長者有特別想贈與的對象、比例，還是要透過設立遺囑才可自由支配。

六、**難以區分財產與債務範圍**：遺產中的債務部分，若能透過遺囑記載清楚，清償完之後才有利於後續分配，否則日後債主上門索討，只會徒增子孫困擾。

繼承事宜以遺囑為優先

當長輩想完全自由支配財產，或對於其財產有特別的安排想法時，就要在生前立下遺囑，清楚載明財產的分配方式與比例，並指定遺囑執行人，如此一來，按照我國民法規定，當繼承發生時，就會依照長輩的遺囑優先處分。

值得一提的是，由於台灣在繼承部分，延襲大陸法系國家的制度而設有**「特留分」**，主張**繼承人在不同繼承順位之下，皆有不同比例的繼承權利**，因此，如果遺囑違反「特留分」規定，還是可能部分無效。

若長輩覺得某位子女很不孝順，常常暴力相向、當眾侮辱或虐待他，甚而欲置他於死地，或有竄改其遺囑等法定事由，也可以把具體事項記載在遺囑上，表明這位子女不具遺產繼承權，一旦遺囑記載事項，符合《民法》第一一四五條喪失繼承權的條件時，繼承事宜將可以遺囑爲優先，不受繼承特留分限制。

對於同居人或已離婚者，因在法律上並無繼承權，若要留遺產給對方，可在遺囑中以「遺贈」方式，在不侵害特留分的前提下，將自己一部分的財產，於身故後贈與對方；若受遺贈人不願意接受，則可依法在遺囑人死亡後拋棄遺贈。

提早立遺囑，是件健康且負責任的事

許多人會認爲明明活得好好的，何必沒事找事，寫什麼遺囑觸自己霉頭？事實上，任何人都無法掌握自己的未來和活在世上的年歲，因此，提早爲生命最後一程做好規畫，無論就法律面、人生價值面，都是一件健康且負責任的事情，對自己也對親人負責：

一、**意識清楚才有效力**：根據《民法》第一一八六條規定：「無行爲能力人，不得爲遺囑。」「限制行爲能力人，無須經法定代理人之允許，得爲遺囑。但未滿十六歲者，不得爲遺囑。」在法律上，遺囑要能產生效力，關鍵在於立遺囑時，當事人是否意識清楚，能完全表達個人意願，而非遭人操控。因此，不妨趁著健康的時候立下遺囑，避免日後身體狀況丕變影響遺囑效力。

以長輩罹患失智症爲例，若尚未受監護或輔助宣告前，意識清楚、對答如流下所作成遺囑，依法具有遺囑能力，不過，仍可能因爭議，法院會發函詢問長輩就醫的醫院或照護機構，了解其作成遺囑期間，是否具有識別能力與意思能力作爲判斷。

若長輩已經受監護宣告，在法律上等於無行爲能力人，就不能作成遺囑。若爲輔助宣告，依法院實務見解，作成遺囑應經輔助人同意，以避免有心人士規避監督，藉機處分長輩財產。若輔助人身兼法定繼承人或遺囑指定受遺贈人時，應另選特別代理人以避免圖利。

二、**交代清楚私事與後事**：包括遺產分配、債務明細，或對於第三人的債權、保險單、與他人的合夥、遺贈、是否有非婚生子女、醫療及安葬方式、物品明細及存放場所、遺囑執行人等。

三、**重新思考生命的價值**：提早預立遺囑，比較有充裕的時間，全面清點自己的財務狀況，思考與家人的關係，以及回顧自己的信仰，規畫家族的傳承、臨終照顧與喪葬方式，最重要的是不滿意還可以更改，有備無患之下，更能坦然無懼的面對未來，重新省思生命的價值和意義，好好把握當下。

寫遺囑有哪幾種形式？各自效力為何？

依民法的規定，遺囑有以下五種形式：

一、**自書遺囑**：一定要本人親筆撰寫全文，記明年、月、日，並親自簽名，若有增減或塗改，應註明「本行增加（刪減）〇〇〇三字」，並在旁邊簽名才算數。須提醒的是，有些人會以電腦打字，再於最後簽名，這樣的遺囑並不符合法定要件。

二、**公證遺囑**：若長輩不識字或不懂法律，可以指定二人以上之見證人，在公證人前口述遺囑意旨，由公證人筆記、宣讀、講解，經遺囑人認可後，記明年、月、日，由公證人、見證人及遺囑人同行簽名。長輩不能簽名時，由公證人記明事由，用按指印代替亦可。儘管交託給公證人，當事人仍須留意法定程序缺一不可，曾有案例因公證人只誦讀文字，未依程序詢問長輩是否同意，且因長輩意識狀況不佳，無法清楚表達真意，儘管已公證，仍經法院認定遺囑無效。

三、**密封遺囑**：自書遺囑後密封，在封縫處簽名，指定兩位以上見證人，在公證人面前一起簽名。

四、**代筆遺囑**：若長輩不識字或無法寫字，可以請人代筆，此類遺囑因由他人代筆，較不具私密性。方式是指定三人以上的見證人，由遺囑人口述意旨，見證人之一負責筆記、宣讀、講解，經長輩認可後，記明年、月、日及代筆人之姓名，且全體皆需簽名，長輩不能簽名時，可以用按指印代替。據新聞報導，曾有律師協助長輩預立遺囑，卻疏漏規定，代筆人及見證人皆僅蓋章未簽名，致遺囑失效而對簿公堂的案例，可見程序完備的重要性，不可不慎。

五、**口授遺囑**：當生命垂危，無法以前四種方式立遺囑時，可以指定兩位以上見證人口授遺囑。口授方式有兩種，一是選一見證人代為筆記，再由見證人全體簽名；另一則是採錄音方式，由於錄音有變造的可能，遺囑人口述完後，證人需複誦並全程錄音，最重要的是，錄音後，錄音的載具要「封存」才具有效力。此類遺囑特別規定，若立遺囑人還有其他方法可使用時，卻仍使用口授遺囑則視爲無效，且口授遺囑的遺囑人事後狀況好轉，又能利用其他方法立遺囑時，原有的口授遺囑經過三個月後自動失效。

值得一提的是，曾有案例儘管全程錄影，並由在場律師或見證人宣讀代筆遺囑，但長輩僅以手勢表達（點頭、搖頭、展示符號亦同），而非民法規定的手寫或口述，一旦訴諸法律，法官考量長輩可能受他人左右，或恐有誤解其意思的可能，判決遺囑無效。

另外，關於見證人的挑選也須留意，並非所有人都能擔任見證人，像是未成年人、受監護或輔助宣告者、遺產繼承人及其配偶或直系血親，還有受遺贈人的配偶或直系血親，以及公證人或代行公證職務人的同居人、助理人、受雇人，都不能當見證人。

遺囑經過「公證」或「認證」是鐵則

遺囑明明是自己寫的，爲什麼還需要花錢去取得「公證」或「認證」？以下三點，即爲「公證」或「認證」後的好處：

一、**確保符合法定程序**：到法院或民間公證人處公證遺囑，公證人會向立遺囑的當事人，充分說明遺囑成立的要件，特別是民法中有關「應繼分」和「特留分」的區分，並確認當事人撰擬的遺囑是否符合規定，因此，能降低日後發生遺囑無效或引發爭議的可能。

二、**可依遺囑直接辦理過戶**：經公證人認證過的遺囑，其中被指定的繼承人，當繼承事實發生時，可直接帶著遺囑公證書到地政機關辦理繼承過戶，免去要全體繼承人協議、同意並交付所有證件後，才能辦理繼承過戶的繁冗手續。

三、**訴訟時視爲法定證據**：公證人是由具專業法律背景者擔任，執行職務時是廣義的公務員，做成的公證書效力等同公文書，換句話說，遺囑經過公證後，就具有證據的效果。因此，若繼承人間對遺囑有意見，對簿公堂時，法院不需請調查局鑑定眞僞，直接就能認定遺囑爲眞，進而對遺產分配的比例或標的等事情進行裁判。

圖三、如何辦理遺囑公證（認證）？

自書遺囑	遺囑要準備一式二份以上，由本人親自攜帶相關證件至法院或民間公證人處辦理。
代筆遺囑	立遺囑人、代筆人及另外二位見證人全體至法院或民間公證人處辦理。若長輩行動不便，亦可請公證人到指定地方做公證遺囑，只須支付公證人之出差費用。

至於要如何辦理遺囑公證（認證），若選的是「自書遺囑」，至法院或民間公證人處辦理時，遺囑要準備一式二份以上，由本人親自攜帶相關證件到場簽名。若是「代筆遺囑」，則由立遺囑人、代筆人及另外二位見證人全體到場簽名，若長輩行動不便，亦可請公證人到指定地方做公證遺囑，只須支付公證人之出差費用即可（圖三）。

不過，要特別提醒的是，有些長輩雖已將遺囑公證，多年後遺囑內的房產因為防範詐騙，或涉及都更、危老、與建商合建等事由，可能將資產信託，此時，等同將原有遺產轉換為「信託受益權」，**若未重立遺囑，將信託受益權對象載明，當年公證過的遺囑將因後續財產的變動而失效，不可不慎。**

應繼分、特留分、扣還、歸扣、扣減權的意義

一、**應繼分**：所謂應繼分，指的是當繼承人（如子女）有好幾個人的時候，其間應有一定的分配比例，此比例若依法律規定者，稱為**「法定應繼分」**。若依被繼承人（如父母）指定者，則稱**「指定應繼分」**。

二、**特留分**：特留分是指**法律保障繼承人可分配遺產之最低限度、比例**，使其不受被繼承人遺囑（如遺產分配額或指定應繼分）或遺贈之侵害。直系血親卑親屬、父母、配偶之特留分，為其應繼分的二分之一；兄弟姊妹及祖父母之特留分為其應繼分的三分之一（參考《民法》第一二二三條）。

三、**扣還**：若繼承人曾經向被繼承人借貸，當被繼承人過世，進行遺產分割時，借貸者應按其債務數額，由自己的應繼分內扣還（參考《民法》第一一七二條）。

四、**歸扣**：在繼承開始前，繼承人中若有人因結婚、分居或營業等事由，不管多久以前，只要曾收受被繼承人所贈與之財產（法律上稱爲「特種贈與」），一旦進行遺產分割時，就應將該贈與價額，一併納入被繼承人所有財產中計算，並由該繼承人之應繼分中扣除，但被繼承人於贈與時有反對之意思表示者，不在此限（參考《民法》第一一七三條）。

五、**扣減權**：是指因爲被繼承人的處分行爲（如遺贈，應繼分的指定，死因贈與等），而使得繼承人的特留分被侵害時，繼承人可以按照他所應得而不足的數額，請求扣減。時效自扣減權人知其特留分被侵害之時起，二年間不行使而消滅；自繼承開始起逾十年者亦同（類推適用《民法》第一一四六條第二項）。

遺產贈與特定人士或團體，該注意什麼？

若長輩希望能將遺產一部分，致贈給繼承人以外的個人或是慈善團體，根據法律規定，這樣的方式稱爲**「遺贈」**，**需在遺囑中表示才算數**，贈與的內容可以是一定的比例（如財產的四分之一），也可以是特定的財產（如車子、土地）。

遺贈的對象分爲「自然人」及「法人」，自然人指的是一般個體，即使胎兒亦包含在內；法人指的則是如政府、法定機構、公司、財團法人等法定組織。

遺贈在遺囑人死後即發生效力，若受贈的對象不願意接受遺贈，可以在遺囑人死後拋棄遺贈（參考《民法》第一二〇六條），**若遺贈的數額侵害到繼承人的「特留分」時，繼承人則可行使「扣減權」來限制遺贈的數額**。

有些人爲了節稅，會將部分遺產捐給財團法人，以降低遺產總額。但根據規定，要想達成不計入遺產總額的捐贈，只能捐給具備以下條件的財團法人：

一、在遺囑人死亡時，已依法設立登記並且符合行政院規定標準。

二、除了爲本身創設目的舉辦事業而必須支付的費用以外，不能以任何方式對特定的人給予特殊利益。

三、依照章程規定在組織解散後，所剩餘的財產不能以任何方式歸屬任何人或私人企業。

四、捐贈人、受遺贈人、繼承人，及各該人之配偶及三親等以內之親屬擔任董事或監事，人數不超過全體董事或監事人數之三分之一者。

五、其無經營與其創設目的無關之業務者。
六、依其創設目的經營業務辦理具有成績，經主管機關證明者。
七、其受贈時經稽徵機關核定之最近一年本身之所得及其附屬作業組織之所得，除銷售貨物或勞務之所得外，經核定免納所得稅者。

值得注意的是，在遺囑人死後，從取得國稅局核發不計入遺產總額證明書當天起，遺囑執行人或繼承人在三個月內得交付動產，一年內得辦妥不動產產權移轉登記捐贈，否則就要補繳遺產稅，並按郵政儲金一年期定期儲金固定利率加計利息。

為避免紛爭，遺產分配注意「順位」與「比例」

長輩在思考遺產分配時，要特別注意《民法》的規定，先依「順位」決定繼承人，再依一定「比例」分配遺產。

有關「順位」的部分，由於**配偶是當然繼承人**，如果健在，一定要與其他繼承人一起分配。反之，若沒有其他繼承人時，配偶則可全部繼承。

其他繼承人按照順位，分別為（圖四）：

一、**直系血親卑親屬**。通常是婚生子女，如果子女不幸辭世，則孫子女，養子養女、自幼即受生父撫育的非婚生子女等，也都屬於直系血親卑親屬。

二、**父母**。

三、**兄弟姊妹**。

四、**祖父母（外祖父母）**。

其中，直系血親卑親屬繼承為**「有先無後」**，也就是得按照順位，比方說，第一順位的直系血親卑親屬中以子女為優先，除非子女全部放棄，才會先改由孫子女繼承，且當第一順位無人繼承才會輪到第二順位繼承，後續以此類推。

分配「比例」指的就是「應繼分」與「特留分」，若不想依照法定的「應繼分」比例（配偶與第一順位繼承人均分財產。配偶與第二或第三順位分配時配偶分二分之一，其他人均分剩下二分之一。配偶與第四順位分配時配偶分三分之二，其餘均分剩下的三分之一），但至少要依「特留分」的規定，以符合法律設計保障繼承人權利的最低限度、比例，才不致違法使得遺囑雖然有效，但是分的少或沒分到的子女，還是可以提起訴訟請求特留分，引起另一場家庭風暴。

圖四、遺產繼承人順位

（當然繼承人）
配偶

↓

直系血親卑親屬
（婚生子女、孫子女、養子養女、受生父撫育之非婚生子女）

↓

父　母

↓

兄弟姊妹

↓

祖父母（外祖父母）

希望喪葬方式，也要寫在遺囑裡

許多體貼且有遠見的長輩，在立遺囑時往往會在財產分配上百般權衡，目的就是爲了減少子孫可能的紛爭，可是卻萬萬沒有想到，自己一過世，立即引發的爭端竟不是遺產，而是子女們對喪葬方式各執己見，從入殮的時辰、該土葬還是火化、該隆重還是簡樸、用哪一種宗教儀式、該請誰不該請誰等問題，都可能吵得不可開交。

由於法律上對遺囑的內容並無特別的限制，長輩除了考慮遺產分配，若能預先將希望的喪葬方式列入，當自己不幸辭世時，子女才能有所依據，不致在悲痛之餘還要承受安排後事的壓力：

一、自己的信仰和忌諱。
二、安葬方式（土葬、火葬、樹葬……）。
三、告別式的儀式與地點（家裡、禮堂、殯儀館……）。
四、由誰全權負責。
五、喪葬費用的安排。

六、指名殯葬服務公司。

七、參與追思的賓客名單。

其他如陪葬用品、告別式上放的遺照、喜歡的歌、白包奠儀收或不收、是否要瞻仰遺容，甚至告別式會場要如何布置、要用什麼花材、流程要如何進行，以及給親人的祝福等事項，愈詳細愈好，若無法做到，至少也要列出大方向，才能讓自己心安理得，也減輕親人籌辦後事的悲痛與壓力。

遺囑中最好要有指定執行者

寫好了遺囑，不代表走後一切就能如願，因爲，生前礙於情面，子女多能維持和諧，一旦長輩嚥下最後一口氣，威嚴不再，各方爲了利益，便會大顯神通，遺囑不是各自詮釋，就是被隱匿、塗改、銷毀等，自此將狀況百出、永無寧日。

因此，若要確保自己的遺願得以實現，又能避免可能的衝突，生前指派遺囑執行人，會是一個好方法，因爲遺囑執行人具有以下的功能：

一、**清查與妥善保管財產**：關於長輩交付的遺囑，遺囑執行人的要務除了協助清點，還要妥善保管，例如珠寶、骨董等貴重物需要購買保險以防丟失。

二、**避免遺囑被隱匿**：由於遺囑多由遺囑執行人保管，且依法遺囑執行人須於繼承開始後召開親屬會議，並在會議中提示遺囑內容，透過這樣的程序，常能降低遺囑被隱匿、塗改、銷毀的可能。

三、**償還債務與遺贈物**：遺囑執行人除了要協助清償債務，若遺囑中有特別交代，想將部分財產贈與親屬以外的人，由遺囑執行人代為執行，通常較能確實履行。在法律上，遺囑執行人只對遺囑所列的遺產負管理之責，遺囑外的遺產則不在管轄範圍。

四、**協助編製清冊**：若長輩的遺產數量龐大，或涉及的權利義務範圍複雜，遺囑執行人須編製遺產清冊，此將有助繼承人充分了解自己的權益。

五、**負責管理與追討**：許多人會找律師擔任遺囑執行人，考量的便是若有繼承人爭執遺產所有權，或將遺產占爲己有、拒絕交出等糾紛時，遺囑執行人的法律專業能發揮嚇阻作用，或有利於以訴訟等手段解決。

六、**代爲執行其他心願**：長輩若有其他心願，如葬禮的方式，遺囑執行人亦能代爲執行。

若想更改遺囑，該怎麼做？

預立遺囑是一種減少遺憾發生的方式，根據法律，預立遺囑後，當想法改變了，當然可以隨時更改，更改的方式如下：

一、**由立遺囑本人撤回遺囑**：得撤回遺囑之人，限於立遺囑本人，若立遺囑人在立遺囑後成爲受監護或輔助宣告者，則無法撤回前遺囑。

二、**循先前的遺囑方式再立一份新遺囑**：若最初是用代筆遺囑的方式，接續更改最好用同樣方式謄寫，重跑一次流程，以免因選了新的方式，疏忽該方式的法律要件，使得更改後的遺囑失效。

三、**舊的遺囑直接撕毀即代表撤回**：立遺囑人故意破毀、塗銷或在遺囑上記明廢棄之意，遺囑視爲撤回（參考《民法》第一二二二條）。

四、**前後遺囑不同，以後遺囑爲主**：《民法》第一二二〇條規定，前後遺囑有相牴觸者，其牴觸之部分，前遺囑視爲撤回。因此，根據「後遺囑優先」原則，若立了二份以上的遺囑，而內容有不一致時，以最後所立遺囑的內容爲準。

五、**遺囑後行爲與遺囑牴觸，視爲撤回**：依《民法》第一二二一條，遺囑人於立遺囑後所爲之行爲與遺囑有相牴觸者，其牴觸部分，遺囑視爲撤回。例如，預立遺囑時本列有一塊土地，後來自己賣掉了，這部分在遺囑中就不算了。

如何利用遺產節稅？

對於長輩而言，若想多留點資產給子孫，在法律允許範圍內，如何聰明達到免繳或少繳遺產稅，以下三招不可不知：

一、**協議分割遺產**：許多家庭強調長幼有序，面對父母的遺產，常爲了交由長兄繼承，其餘兄弟姊妹選擇拋棄繼承。事實上，若要兼顧長兄繼承家產，又能節省遺產稅，可以**以協議分割遺產的方式，由長兄繼承大部分家產，其餘兄弟姐妹繼承小額存款**，如此，便能運用多筆扣除額，達到眞正節稅的目的。

二、**善用夫妻間財產移轉**：因配偶間相互贈與的財產，不會課徵贈與稅，在生前將部分財產贈與配偶，可降低課徵遺產稅的淨額。不過選擇此一方式得考量配偶財產數量以及身體狀況，否則世事難料，**假如配偶先走一步，不僅無法減稅，反而增加配偶的遺產稅**。另外，由於死亡前二年內贈與配偶的財產仍需併入遺產課稅，所以若想贈與配偶以分散財產，得及早規畫才能達成節省遺產稅的目的。

三、**生前分年贈與，或利用子女婚嫁贈與**：財產龐大時，可考慮利用**每年二百四十四萬元的年度贈與稅免稅額**，將資金逐年贈與給子女，再透過買賣將土地移轉，在省下贈與稅的同時，若能提出支付價款證明，且符合自用住宅用地要件，還可以適用自用住宅土地增值稅稅率，或利用不計入贈與總額的婚嫁贈與，便能省下可觀的稅額。不過，關於不動產部分，應注意計算土地移轉時所增加之土地增值稅負擔，以避免增加之土地增值稅較節省的遺產、贈與稅為多。

四、**配偶主張剩餘財產分配請求權**：申報遺產稅時，記得主張配偶的剩餘財產分配請求權，便能將應課稅的遺產金額減下一大部分，達到減低遺產稅的目的。

五、**利用保險制度減少遺產稅**：由於指定受益人的死亡保險金，不計入被保險人遺產總額，若長輩生前長期以壽險保險金方式，由保險公司給付給子女，或可減少一筆遺產稅，但稅捐機關仍有可能就「帶病投保」「高齡投保」「短期投保」「鉅額投保」「躉繳投保（一次繳清保費）」「密集投保」「舉債投保」、繳納的保費「大於或等於」保險金額等「八大樣態」進行查核，若發現相關情事，便會依實質課稅原則核課遺產稅。

另為避免保單要保人、被保險人及指定受益人因分屬不同對象，當被保險人身故，指定受益人請領的理賠金，會被稅捐機構認定為要保人的「贈與」，而課徵贈與稅，且超過死亡給付全年合計免稅額部分，還得繳納個人所得稅，因此，**在保單規畫之初，最好將要保人與受益人列為同一人，讓身故理賠金回歸要保人**，一切單純化，就不會衍生贈與稅及最低稅負制等額外負擔。

第 5 章

預防終末期可能產生的相關問題

什麼是安寧緩和醫療？

安寧緩和醫療（安寧療護），是指當疾病已無法治癒時，由醫師、護理人員、社工師、宗教人員及志工等一組醫療專業人員，針對病人的疼痛與其他症狀的控制，以及對其在精神、社會，和靈性問題做積極與完整的處理，同時也提供家屬適當的照護，目標是希望達成病人與其家庭的最佳生活品質。

若依照療護的地點，可分爲**「安寧門診」「安寧病房」「安寧共同照護」「安寧居家療護服務（甲類）」「社區化安寧居家療護（乙類）」**，以及**「長照安寧」**等六種模式。

其中，由「安寧門診」提供處置與照顧諮詢、臨終照顧、悲傷輔導等服務；「安寧病房」提供住院醫療服務，症狀改善後可出院；而「安寧共同照護」則結合安寧團隊與原醫療團隊，共同擬定照護計畫，提供諮詢服務；「安寧居家療護服務」則分爲在宅及社區兩類，前者爲協助在宅善終，提供適時轉介，後者則是結合基層診所或區域醫院，銜接病人返家後的安寧療護服務；而「長照安寧」則銜接長照及安寧療護，提供由失能到臨終的垂直連續性照護。

有些人會將「安寧療護」與「安樂死」畫上等號，事實上，安寧療護反對安樂死，有別於安樂死以藥物結束病人生命，安寧療護強調的是「自然死」的尊嚴照顧，透過團隊協助病人緩解末期的各種不適症狀，讓病人無痛、舒適、有尊嚴地自然走到生命盡頭。

什麼情況下應考慮安寧緩和醫療？

過去，健保關於安寧緩和醫療的給付對象，多以癌症病人、漸凍人爲主，自二〇〇九年開始，將「八大非癌末期疾病」納入，分別爲罹患「老年期及初老期器質性精神病態（如失智）」「其他大腦變質（如中風）」「心臟衰竭」「慢性氣道阻塞疾病，他處未歸類者」「肺部其他疾病」「慢性肝病及肝硬化」「急性腎衰竭，未明示者」「慢性腎衰竭及腎衰竭，未明示者」等。二〇二二年則新增末期衰弱老人、末期骨髓增生不良症候群病人、符合《病人自主權利法》第十四條第一項第二至五款所列臨床條件者，以及罕見疾病或其他預估生命受限者，均可以依照所需，選擇有健保給付、合適的安寧療護模式。

哪些醫院提供安寧療護？安寧病房費用很貴嗎？

若想使用安寧療護，全國究竟有哪些醫療院所、照護機構提供相關資源？中央健保署除提供安寧療護諮詢電話，亦於官網設有安寧療護（住院、居家、共照）網路查詢服務，而台灣安寧照顧基金會亦依「安寧住院」「安寧共照」「安寧居家」「安寧社區」，以及與其簽署合約的機構、預立醫療照護諮商機構等項目，提供各縣市安寧資源地圖供需求者洽詢。

以安寧住院為例，若想選擇就診醫院的安寧病房，得先確認該醫院是否有相關服務及病房，並向原主治醫師提出，請醫師協助會診或轉介安寧療護專科醫師門診。若想就近尋找，則得重新掛號就診，可選家庭醫學科，攜帶原診斷書或病歷摘要，與受過安寧療護教育訓練的醫師詳談，再決定住院與否，以便進一步安排。

關於入住安寧病房的費用，則按全民健保標準計費，若選三人房不必付費，選二人房或單人房則需負擔病房差額。醫藥費部分，只在使用健保尚未核准給付的藥品或治療，才需要另外付費，若遭逢經濟困難，無力支付安寧療護費用者，也可以透過合約醫院社服單位，向台灣安寧照顧基金會申請經濟補助。

簽署安寧緩和醫療意願書的注意事項

過去近二十年間，《安寧緩和醫療條例》的上路與推動，保障「末期病人」在末期階段時，可以透過簽署「預立安寧緩和醫療暨維生醫療抉擇意願書」，決定「拒絕維生醫療、心肺復甦術」，保障自己善終的權益，避免家人承擔抉擇的壓力。

簽署方式十分多元，可就近至醫院、衛生所索取意願書後簽署，或進入衛生福利部官網「預立醫療決定、安寧緩和醫療及器官捐贈意願資訊系統」下載簽署書，列印並填寫完後，將正本以掛號方式寄至「衛生福利部預立醫療決定、安寧緩和醫療及器官捐贈意願資料處理小組」，或是直接於線上簽署，待衛福部資料處理小組資料登錄後，即於健保卡完成註記，成為醫護人員尊重病患意願，不施行心肺復甦術意願的依據。

簽署預立醫療決定書，善終對象及拒絕權利更擴大

二〇一九年，爲保障全體國民自主權益，在立委及醫師奔走下，亞洲第一部以病人爲主體的專法《病人自主權利法》，進一步將預立醫療決定的適用對象，由「末期病人」擴大爲五款臨床條件（如疾病末期、永久植物人、極重度失智等），並增加預立醫療照護諮商的設計，藉此保障每個人的知情、決策與選擇權，以及意識昏迷、無法清楚表達的病人，其自主及善終意願能獲得法律的保障與貫徹。

比較《安寧緩和醫療條例》與《病人自主權利法》的差別，前者目的是保障「末期」病人，減少「無效」的醫療，如拒絕心肺復甦術，以及延長瀕死過程的維生醫療，但有效的醫療決策，仍可能會被執行；後者除將適用範圍擴大，且更強調病人、家屬、醫療團隊三方的「溝通」，以諮商方式讓病人、家屬了解各種狀況的醫療選擇，尊重病人真實的意願，幫助家屬尊重與支持病人的決定。此外，針對無效醫療，或一些可能有效或存疑的治療，也賦予病人拒絕的權利，以符合其所期待的臨終醫療照護模式。

預立醫療照護諮商前，要做哪些準備？

只要長輩對自己的醫療規畫、善終心願有初步想法，趁著身體健康、心智清楚時，就可以簽署「預立醫療決定書」，而非等到罹患慢性病、癌症、心肺衰竭或末期病人時才能簽署。

根據《病人自主權利法》規定，在簽署「預立醫療決定書」前，須至預立醫療照護諮商機構諮商，確認簽立決定書的意願。諮商前，不妨至衛生福利部或各縣市衛生局查詢名單，選定預立醫療照護諮商機構，掛號**「預立醫療照護諮商」門診**（採自費，費用依各醫院規定），並開始準備以下工作：

一、**協助長輩探索生命品質與思考生命價值**：可參考臺北市立聯合醫院出版的《心願探索手冊》，透過「心願一：探索我的生命品質與價值」「心願二：與所愛的人共同討論我的決定」「心願三：撰寫我的『四道人生』謝幕致詞」所列的問題給予評分及回答，引導與探索內心想法。

二、**決定至少一位二親等家屬參與**：根據規定，長輩必須有二親等內親屬至少一人陪同諮商，若經長輩同意有更多的親屬參與更好，可以藉此凝聚家庭成員共識。不過，若長輩單身或獨居，沒有二親等家屬，只要出示書面聲明或是相關文件，仍擁有完成預立醫療決定的權利。

三、**選擇醫療委任代理人**：當長輩意識不清或無法表達時，代理人可以聽取醫療團隊告知治療方針，代理長輩表達意願，簽署手術、侵入性檢查或治療同意書，協助醫療團隊更理解並執行長輩期待的醫療方式。

因此，長輩可以思考十八歲以上，具完全行爲能力的親友之中，誰最尊重自己的想法？對健康及醫療處置的態度與自己的理念相近？符合者可邀其擔任代理人，人數並無限制，每位代理人都有獨立的權限，長輩可以自由安排各醫療委任代理人的順位，一同參與預立醫療照護諮商，助其了解自己與醫療團隊溝通的重點及決定。若此人選無法參與諮商，只要於諮商前與長輩溝通清楚，並簽署「醫療委任代理人委任書」仍可擔任代理人。不過，若人選同時也具有長輩的遺產繼承人、遺體、器官受贈人，或是其他因長輩過世能獲得利益的身分，則不得擔任醫療委任代理人，以確保長輩意願如實反映，不受個人利益誤導與操縱。

預立醫療決定書及醫療委任代理人，皆可取消及更換

無論是預立醫療決定書或醫療委任代理人，皆可依長輩意願撤回或變更。如果要撤回或變更預立醫療決定書，終止醫療委任代理人委任關係，或變更委任人選，必須重新辦理見證並更新健保卡註記才生效力。

另外，過去簽過「預立安寧緩和醫療暨維生醫療抉擇意願書」，建議能加簽「預立醫療決定書」，因「預立醫療決定」除了保障末期病人，還囊括前文所提的四種臨床條件病人，拒絕醫療的範圍也擴大到不接受鼻胃管灌食等延命措施，讓病人的自主性更高。

PART

2

當爸媽無法自理生活

第 6 章

如何確認失能程度？

什麼是失能，如何判斷？

當長輩在走路、跑步、爬樓梯等身體活動能力，或進食、洗澡、打掃等日常生活中，只要其中任何一項產生障礙，就構成了所謂的「失能」。

造成失能的原因很多，例如眼疾、憂鬱症、失智症、腦中風、心肌梗塞、神經病變及癌症等都是可能的危險因子，且年紀愈大，失能的比率愈嚴重。因此，若能在失能前及早察覺警訊，把握治療的黃金時間，便能延續生活品質，減少失能後層出不窮的壓力與問題：

一、**走路速度變慢**：有可能是關節

疼痛、肌肉無力、周邊神經病變、中風、帕金森氏症等原因。

二、**食量愈來愈小**：食慾長期不振，可能是胃、牙齒不好，或失智、憂鬱症已經上身了。

三、**聽力變得更差**：例如說話聲音變大、經常沒聽見電話、門鈴聲、常誤解旁人談話。當耳背變得嚴重時，代表身體狀況急速衰退。

四、**視力逐漸模糊**：有可能罹患白內障或視網膜病變。

五、**手腳顯得無力**：可能是患了「肌少症」，若不特別留意，將會增加跌倒、骨折風險，加重肌肉流失速度，提高死亡風險。

六、**長期失眠、全身痠痛**：常常喊疼、感到疲倦，無法入眠等，可能是罹患了老年憂鬱症。

七、**突然迷路、疑心加重**：搞不清楚原本熟悉的路，性情突然大變，懷疑家人偷錢等，都可能是失智症的前兆。

哪些疾病易造成長期臥床？

長期臥床的原因很多，就生理因素來看，最常見的是跌倒造成髖部骨折，以及腦中風、糖尿病、惡性腫瘤等慢性病所造成，而老化使得肌肉無力、萎縮和耐受力減低，或罹患風濕及關節炎，亦是臥床的可能因素。

心理因素方面，如久病不癒，生活難以自理以致喪失生存目標，或家人過度照顧或完全忽視，使得老人家意志消沉，長此以往會誘發老人憂鬱或失智症，進而增添長期臥床的機率。

一旦長期臥床，除了肌力、行動力喪失，接連的併發症，像是褥瘡、肢體蜷曲、骨質疏鬆、血栓、水腫、上呼吸道感染、心肌梗塞，以及腸胃道方面疾病、泌尿道感染等，可說從頭到腳、由內而外無一能倖免，且會使疾病更加複雜化，甚至會因此喪命。

如何預防失能？

要降低長期臥床的風險，在長輩身體尚屬健康時，不妨掌握以下五大重點：

一、**減少危險因子**：預防腦充血、骨折等意外發生，養成量血壓和血糖的習慣，並定期接受健康檢查。

二、**保持均衡營養**：食物中要包含五穀根莖類、奶肉魚豆蛋類、蔬菜及水果類、油脂類等六大類食物，若無特殊禁忌也需要多喝水，以預防脫水或便祕問題。

三、**持續規律活動**：規律的運動可增強心肺與肌肉、骨骼之功能，避免跌倒等意外。

四、**維持社交生活**：憂鬱症是老年失能常見的原因，因此平時應多與人往來，保持開放觀念與想法，學習放鬆與表達情緒與壓力，以避免憂鬱症上身。

五、**加強環境安全**：面對生理因老化的改變，平日除了注意姿勢、步伐放緩，也要懂得善用輔具，例如防滑的鞋子、軟硬適宜的椅子、浴廁加裝扶手，並注意走道的通暢、照明，做好居家環境的防跌工作。

第 7 章

失智症如何確認？

如何及早發現失智症？

「失智症」是整個大腦功能的退化，包括記憶力、空間感、判斷力、計算力、邏輯能力、注意力、語言能力等認知功能產生障礙，以及出現干擾行為、個性改變、妄想或幻覺等症狀，足以影響生活及工作能力。

失智症早期的徵兆，最明顯的就是**近期記憶退化**，明明剛剛才問過或看過的東西，一轉身就忘掉，也由於與「老化」的健忘狀況相似，大部分的人很容易混淆而忽略，以致延誤病情。

事實上，要分辨究竟是「老化」或「失智」的差異並不困難，以記性變差爲例，「老化」的人事後多能有自覺，會自省且有「病識感」，知道自己常忘東忘西的，經過回想或提醒便會記起來；但「失智」的人因無法記錄短期記憶，並不會意識到是自己忘了，因而常重複提問，連平常熟悉的事物也記不起來，且不同於「老化」只是記性變差，「失智」還會把東西放錯位置，說話用字上產生困難，個性也有明顯改變，甚至疑心病變重，出現言語或肢體的暴力。

想及早發現失智症，長者們除了要有自覺，身邊的子女也要多留意長者行爲的改變，以常用的「極早期失智症篩檢量表」（Alzheimer Disease 8，AD-8，見圖五）比對，八個問題中若有超過二項以上的改變，表示已經出現警訊，應該至醫院的神經內科或精神科做進一步檢查與評估，以釐清病情盡早治療。

失智症種類

失智症大致可分爲「退化性」及「血管性」兩大類，還有少數其他原因所引發的失智症。大部分患者屬於「退化性失智症」，其中又以「阿茲海默症」最多，約占五〇%～六〇%。其次爲「血管性失智症」，約占二〇%，及其他疾病

圖五、極早期失智症篩檢量表（AD-8）

若您認為在過去幾年中有因為認知功能（思考和記憶）問題而導致的改變，請圈選，若符合 2 項（含）以上則要進一步確認。	
1	判斷力上的困難：例如落入圈套或騙局、財務上不好的決定、買了對受禮者不合宜的禮物。
2	對活動或嗜好的興趣降低。
3	不斷重複相同的問題、故事和陳述。
4	學習使用日常工具、設備和小家電有困難。例如：電視、音響、冷氣機、洗衣機、熱水器、微波爐、遙控器。
5	忘記正確的月分和年分。
6	處理複雜的財務上有困難。例如：個人或家庭的收支平衡、所得稅、繳款單。
7	記住相約的時間有困難。
8	有持續的思考和記憶方面的問題。

資料來源：台灣失智症協會

引起的失智症。

一、**退化性失智症**：最常見的是「阿茲海默症」「額顳葉型失智症」與「路易氏體失智症」三種。

- 阿茲海默症：因腦部神經受到破壞，大腦會逐步退化，常會出現兩種以上的認知功能障礙，且以記憶功能為主，迄今尚無法根治。
- 額顳葉型失智症：因大腦額葉及顳葉產生病變，早期就會出現決策、判斷、行為及語言障礙，性格也會改變。
- 路易氏體失智症：因神經系統出現不正常蛋白（即路易氏體）堆積，產生了綜合阿茲海默症與巴金森氏症的症狀，既有認知功能障礙，又會出現行動不便的問題。

二、**血管性失智症**：因腦中風或慢性腦血管病變，使得記憶喪失、反應遲鈍和步伐變小、尿失禁，且隨著中風次數累積，情況會進一步惡化。由於不同於阿茲海默症早期症狀，常被誤診為帕金森氏症而延誤治療。

三、**其他原因的失智症**：如營養失調、腦部腫瘤、腦部創傷、新陳代謝異常、中樞神經系統感染、中毒等，大部分是可以治療的病因。

當長輩疑似罹患失智症

關於失智症的診斷治療，國內目前主要是由**「神經內科」「精神科」「記憶門診」「高齡（老年）醫學門診」**負責，其中「記憶門診」「高齡（老年）醫學門診」都是屬於整合型的診療方式，看診時會由不同領域的醫師及心理師、社工師與個案管理師加入討論，針對患者病情做診斷，還會評估家屬心理狀態以及居家環境，以鑑別診斷與篩檢失智症病人，並和家屬共同制定照護的方向。

選擇看診醫師，可從各大醫院網站的門診表依專長找尋，或是上「台灣失智症協會——社會支持中心網站照護資源區」，參考全台與離島各醫院具失智症專長的醫師名單，從中挑選適合的門診就醫。

依門診診斷的流程，會先詢問長輩的病史、發病過程，是否有服用藥物、酗酒或接觸有毒物質等，所以主要照顧者或最了解病情的家屬一定要同行，才能提供醫師重要訊息做為診斷的參考。

接著，會進行身體及神經學檢查，以簡易智能測試（Mini-Mental Status Examination，MMSE）、臨床失智症評估量表（Clinical Dementia Rating，CDR）、阿茲海默症評估量表（Alzheimer's Disease Assessment Scale – Cognitive，ADAS Cog）等工具評估患者的心智狀態，並安排腦部電腦斷層或磁振攝影來檢查是否有腦部病變，以及抽血檢測一般血液生化值、維生素B12和葉酸血中濃度、甲狀腺功能等，以排除部分可治療病因。當診斷有困難，會進一步做神經心理學檢查，量測記憶、執行功能、抽象思考、認知能力等，若症狀仍不典型，則會再繼續追蹤觀察，直到找出眞正的病因。

失智症可以根治嗎？

在失智症種類中，因其他因素導致的失智，例如缺乏維生素B12、葉酸等營養素，常壓性水腦症、腦瘤、腦部創傷，甲狀腺功能低下、電解質不平衡等新陳代謝異常，梅毒、愛滋病感染中樞神經系統，或因藥物、酗酒等造成中毒，只要及時找對病徵，經過治療之後仍有機會改善或復原。

不過，針對常見的退化性與血管性失智症的治療，因無法回復已經受損的大腦細胞，要想有效控制與根治失智症幾乎不太可能，目前也只能透過藥物與非藥物的方式，延緩病情惡化，維持患者的生活品質，並減輕照顧者的負擔。

其中，在藥物方面，用來減緩心智功能退化的「有膽鹼携抑制劑」及「受體拮抗劑」（N-Methyl-D-aspartate，NMDA），用於改善精神行爲症狀的包括抗精神病藥物、抗憂鬱劑等，爲預防血管性失智症患者再度中風，亦會給予高血壓、糖尿病、高血脂及抗血栓的相關藥物。在非藥物部分，爲了帶給長輩熟悉、穩定的安全感，可以從調整活動環境、設計簡單的活動、以他們能接受的方式溝通，並透過認知訓練、懷舊療法、亮光、按摩、音樂治療、芳香療法、寵物治療、藝術治療等方法，進一步緩解失智患者可能的精神行爲症狀。

中後期會出現易激動、疑心、幻覺嗎？

失智症的症狀會隨著時間不斷的退化，從輕度時期逐漸進入中度、重度症狀，這段歷程因病因與個別因素，每個人都不同，時間長短也沒有定論。

輕度失智階段先是短期記憶出現問題，且定向力、判斷力及語言的退化逐漸影響到社交及工作能力，情緒及行爲也不同於以往，由於日常生活尚可自理，只是讓人存疑無法立即斷定，得一直到了中度失智階段，遠期記憶、認知功能減退日趨嚴重，這些徵狀才會更爲明顯，例如分不清季節、不認識原本熟識的人、動不動就走失，妄想、幻覺、情緒失控、不合作、藏東西、吃壞掉的食物及日夜顚倒等精神行爲症狀增加，這段時光是家屬最頭痛、最難照顧的階段。

到了重度失智階段，認知及日常生活功能嚴重退化，大多時間認不得家人及自己，語言僅剩簡單字句無法與他人應對，大小便失禁，行動能力及吞嚥功能退化，幾乎已無法自行外出需借助輪椅助行，甚至就此臥床不起，造成生命危險，末期階段必須完全依賴他人照顧。

阿茲海默症與帕金森氏症有何不同？

在老年人好發的大腦神經退化疾病中，分列一、二名的阿茲海默症與帕金森氏症，一般人常會分不清楚兩者有何差別。

從病徵來看，**阿茲海默症主要是記憶、認知退化；而帕金森氏症則以行動出現障礙爲主**。在病因方面，阿茲海默症是腦部的神經傳導物質（乙醯膽鹼）大量減少，形成糾結與斑塊阻斷神經細胞的訊息傳遞和溝通，除了晚期肢體功能減退，大部分時間仍具備行動能力；帕金森氏症則是多巴胺（dopamine）相關黑質紋狀體徑路退化所致，使得大腦的指令傳達困難，影響運動功能，進而出現肢體障礙，但腦部的記憶與認知功能仍能運作，症狀正好與阿茲海默症相反。

儘管如此，兩者也有交會的時候，因爲隨著醫療、照顧進步，帕金森氏症患者平均存活年齡大幅提高，使得患者在發病後十至十五年，原來病變處持續蔓延至大腦皮層，逐漸出現與失智症相同的記憶、認知功能退化。相關研究顯示，約有三〇%的帕金森氏症患者會在其病程中併發失智症，且年紀愈大風險愈高。

譫妄是失智還是思覺失調的症狀？

入住加護病房或手術完後，有些長輩會出現類似「精神病」的症狀，常常是白天昏睡，晚上彷彿變了一個人似的，例如突然神智不清，認不得身邊的家人，或指稱看到神怪、逝去的故人，不斷跟幻覺對話，甚而認為有人要害他，出現像拔點滴、暴走、打人、喊叫等吵鬧、激躁的狀態。此時，很多人會以為老人家中了邪，罹患思覺失調（舊稱精神分裂）或是失智了，卻忽略了這正是「譫妄」最常出現的症狀。

事實上，「譫妄」並非精神疾病，而是急性腦功能受損，尤其當老人家面臨如心臟、髖骨骨折等大型手術，身心突然承受巨大的壓力與疼痛，若過程中伴隨失血、感染、代謝性問題，更會導致電解質不平衡、營養不良、缺水及失眠等生理失衡，使原本脆弱易感的腦細胞完全無法招架，而出現「譫妄」的現象。

特別提醒的是，並不是所有的「譫妄」都會激動狂躁，有些反而會整天躺在床上，看起來昏睡呆滯，常會讓人誤以為是疲倦或心情不好而忽略。因此，若能及早發現原因，「譫妄」通常只要三至七天，症狀就會消失，否則有的人會拖到一個月以上，對老人家的身體與照顧者都是一種折磨。

第 8 章

主要照顧者的準備

善用醫院可用的照顧資源

照顧之路是一場長期抗戰，即使準備充分、身強體健，在照顧過程中，仍得面對層出不窮的狀況與壓力。因此，若能聰明運用身邊的各種資源，一方面減輕照顧的負擔，維持自己生活的彈性，一方面還能充實照護相關知識，提升長輩照顧的品質。

事實上，身邊看診的醫院可能就蘊藏許多可助我們一臂之力的資源，例如，經健保特約醫療院所醫師診斷爲公告之重大傷病時，便可向健保分區業務組，申請**「重大傷病卡」**。而**「身心障礙手冊」**，則是向戶籍所在地公所申請後，經鑑定醫院進行鑑定。其中，憑「重大傷病卡」就醫時，可享掛號、藥物與住院費用部分免負擔，而「身心障礙手冊」優待範圍更廣，依規定之條件，如可預約復康巴士、身心障礙車牌、專用停車位識別證、免牌照稅、使用所得稅身心障礙特別扣除額等，甚至可以申請每月生活補助費、輔具、停車位貸款利息、房屋租金等補助，對照顧者的開銷可說不無小補。

另外，若有些家庭因白天需要工作或無力照顧，亦可依規定至政府指定的醫院開具**「家庭申請聘雇外籍看護工專用診斷證明書」**申請外籍看護工（外傭），或利用北中南部分醫院開設的「日間照顧中心」，讓失智的長輩白天有地方可以活動，晚上再接回家照顧，而醫院常會舉辦家屬講座與支持團體，若能積極參與，亦可從中獲得經驗與資源的分享，適時減輕照顧的壓力。

認識照管中心，連結政府長照資源

想要了解政府提供給銀髮族及弱勢族群的長期照顧資源，一定要認識各縣市政府所設立的「照管中心（長期照顧管理中心）」。

從字面上可以看出，它是個照顧的管理中心，負責整合政府與民間長期照護的相關資源，並以「單一窗口」方式，提供失能長輩及身心功能障礙者，有關照顧的諮詢、評估與轉介服務。申請服務的流程，得先經照管中心審核資格，由照管專員到府評估，確認需要等級及服務給付額度，擬定照護計畫，連結及提供長期照顧服務（圖六）。

什麼是長照2.0的A、B、C據點？

長照2.0的推動，是以社區和居家爲基礎，透過設立「社區整合型服務中心（A）」「複合型服務中心（B）」「巷弄長照站（C）」等據點的模式，提供個案整合、彈性，且具近便性的照顧服務。

社區ABC據點間的串聯與分工如下：

一、**A級社區整合型服務中心**：當有需要長照服務的長者或其家屬提出需求後，照管員會針對個案做失能評估，並核定其失能等級。評估完成便會轉派由A據點的個案管理師擬定長者的照顧計畫，再媒合社區中的B據點與C據點提供實

圖六、照管中心服務申請流程

1

申請長照服務

透過下列方式，都可以申請長照服務

- 拿起電話直接撥打長照專線一九六六
- 住院期間聯絡**出院準備銜接長照服務小組**
- 聯絡**當地長期照顧管理中心**
- **線上申請**

2

到府評估

照管專員完成評估後，確認長期照顧需要等級及長期照顧服務給付額度

3

擬定照顧計畫

與個案管理員討論需要的服務項目，擬定照顧計畫與連結服務

4

接受長照服務

由長照服務特約單位提供服務

資料來源／衛生福利部

際的服務。

簡而言之，A級據點的功能是擔任個案管理與協調媒合，確保計畫的擬定能滿足個案需求，以及照顧團隊能提供「客製化」與「個人化」的套裝服務。

二、**B級複合型服務中心**：當社區A級據點擬定照顧計畫後，便會派案至鄰里中的特約B級據點，所服務的對象是失智、失能的長照服務需求者。主要提供如居家服務、日間照顧、家庭托顧、居家護理、社區及居家復健、復能，甚至是家庭照顧者的喘息服務等。

三、**C級巷弄長照站**：亦屬於社區中第一線的長照服務組織，C級據點所服務的對象，主要是健康、亞健康，或屬於失智、失能前期的長者，就近獲得特約社區據點提供社會參與、健康促進、共餐服務、預防及延緩失能等服務。

盤點長照2.0，政府提供的「四包錢」

政府自二〇一七年一月起，開始推動的「長期照顧十年計畫2.0」（簡稱長照2.0），強調建立優質、平價、普及的長照服務體系，其中，特別提供了稱為「長照四包錢」的四項補助：

一、**照顧及專業服務**：依失能程度二至八級補助約每月一萬元至三萬六千元（自負額最高十六%），等於花一千六至六千元間，即可使用居家服務、日間照顧等「照顧服務」，或居家復健、居家營養等「專業服務」項目。

二、**交通接送服務**：失能第四級以上者，依交通遠近補助每月一千六百八十元至兩千四百元（自負額最高三〇%）。

三、**輔具及居家無障礙環境改善服務**：每三年最高四萬元（自負額最高三〇%）。

圖七、「長照四包錢」補助項目

照顧及專業服務

依失能等級
每月給付
10,020～36,180元

一般戶	負擔16%
中低收入戶	負擔5%
低收入戶	全額補助

交通接送

依失能等級與城鄉差距
每月給付
1,680 ～ 2,400元

一般戶	負擔21%～30%
中低收入戶	負擔7%～10%
低收入戶	全額補助

輔具及居家無障礙環境改善服務

每3年給付
40,000元

一般戶	負擔30%
中低收入戶	負擔10%
低收入戶	全額補助

喘息服務

依失能等級
每月給付
32,340 ～ 48,510元

一般戶	負擔16%
中低收入戶	負擔5%
低收入戶	全額補助

四、**喘息服務**：每年最高補助四萬八千五百一十元（自負額最高十六％），可使用於居家喘息、機構喘息、日間照顧中心喘息、小規模多機能（夜間臨托）、巷弄長照站臨托等五項喘息服務。

很多人擔心若已聘僱了外籍看護工，是不是就不能享有這些補助？

事實上，一樣可以申請補助，只是會有一些限制。「交通接送服務」「輔具及居家無障礙環境改善服務」等項目一視同仁，但「照顧及專業服務」的給付額度爲未聘僱家庭的百分之三十，並限用於復能服務、進食與吞嚥照護、營養照護等「專業服務」項目，不得使用居家服務、日間照顧中心等「照顧服務」項目，「到宅沐浴車服務」則不受此限制。而在「喘息服務」部分，額度雖然相同，但申請流程仍有一些限制，除了經照管中心評估爲失能程度第七級或第八級者可直接申請外；其餘聘僱外籍看護工的家庭，需於外籍看護工無法協助照顧持續三十天以上，才能申請「喘息服務」。

另外，爲減輕家有中、重度失能長輩入住機構的經濟負荷，自二〇一九年年推出「住宿式服務機構使用者補助方案」，針對入住指定七類機構且所得稅額未達二〇%之住民，依稅率級距給予最高每人每年六萬元之補助；自二〇二三年起，則針對長照需要等級達四級以上之住民，調增補助爲每人每年十二萬元，並取消排富規定。

以聰明對策準備長期抗戰

根據中華民國家庭照顧者關懷總會（簡稱家總）調查，從被照顧者輕、中度依賴程度，逐漸進入到重度、完全臥床階段，照顧者將自「混亂期」「適應期」「穩定期」進入「下一次病情變化期」的循環，一段照顧歷程平均九．九年，但也有長達三十多年的案例，若家中有長輩需要照顧，可預見的未來將如長泳般，也似一場看不到盡頭的馬拉松，因此，面對長期抗戰，需有聰明的對策及方法。

衛生福利部長期照顧司及家總特別提出了**「長照平安五守則」**：

一、**備好「照顧救生圈」，找神隊友幫忙**：家庭照顧者有照顧上的疑問或是不知如何尋找資源，只要一通電話，撥打「一九六六長照專線」，從照顧管理專員、A個管、B服務提供單位、C據點、家照據點、失智據點所建構的支持網絡，就像「照顧救生圈」，即使有突發狀況導致經濟困難須急難救助等問題，政府也有社安網等其他資源，希望照顧者勇於求助。

二、**找到照顧替手**：鼓勵家庭妥善運用政府長照資源，同時推動家庭內照顧溝通與協議，找到照顧替手，做好照顧安排與時間管理，成為聰明照顧者。

三、**有人聽你訴苦**：專為家庭照顧者設置的「家庭照顧者關懷專線〇八〇〇－五〇七二七二」（台語：有您真好真好），提供線上會談服務與協助，聆聽您照顧上的大小事。

四、**每天至少十五分鐘留給自己，做喜歡的事**：每天留給自己十五分鐘的時間與空間，不論是運動、聆聽音樂、冥想、書寫、散步等，傾聽自己的聲音，找回簡單的平靜與快樂。

五、**訂定安心交接計畫**：家庭照顧者總是擔心被照顧者沒人照顧，鼓勵善用政府資源安排替手，練習做好照顧交接計畫、學習放手，找回自己的人生。

有正確的心態才能輕鬆自在

照顧長輩的過程中，人人都可能犯錯及遭受挫折，要能善盡孝道又能圓滿度過，靠的不是完人或英雄，而是在於我們是否抱持以下正確的心態，才能伴隨老人家走得順利與長久：

一、**勇於表達與求助**：有些照顧者礙於面子，又不知如何利用外界資源，一味把苦痛往肚裡吞，一旦到了忍受極限，常會因情緒崩潰，發生一些始料未及的悲劇。因此，不要放棄任何可以傾訴的管道，無論跟家人、朋友、志工、宗教或社會團體，甚或被照顧的長輩，都要適時訴說心中感受，勇敢提出需求與尋求支持，才能維持心理的平衡。

二、**降低過去生活的標準**：當長輩需要被照顧，意味家中的步調就不可能如從前一般，所以，照顧者應與長輩以及家人取得共識，就是一切得降低標準，重新調整生活重心與習慣，唯有與現實做某種程度的妥協，尋求大家的協助與諒解，生活才會變得輕鬆愉快。

三、**設定合理的目標及期待**：許多照顧者爲了安慰老人家，常會說：「你很快就會好起來」或乾脆避談疾病相關訊息，但日子一久，失望與被欺騙的情緒反而會讓彼此更受傷。因此，照顧者在設定照顧目標時，應該要讓病患分階段了解可達成的部分，並認清自己能力的限度，訂出彼此都能接受的目標，以減少不必要的爭執。

四、**充分認識疾病，盡力就好**：由於老化是不可逆的，在照顧上千萬別存有太高期望，特別是一些特殊疾病如失智症，除了無法治癒，其症狀更容易讓人抓狂，若照顧者能不執著在長輩如何「變好」，而是充分理解可能的症狀後，充實專業知識與技巧，協助其「減緩」失控的行爲，才能眞正擺脫得失心，助人又助己。

一定要有紓壓喘息的活動

「好累、好苦」是所有照顧者共同的心聲，面對失能或失智的長輩，整天心力都放在病人身上，一點風吹草動就得忙翻天，一天二十四小時、一年三百六十五天，永無止息的值勤，對精神與體力都是極大的挑戰。因此，不論是新手還是資深的照顧者，尋找屬於自己的喘息活動是非常重要的一件事。

平日不妨與家人分擔照顧的責任，或是利用政府提供的喘息服務：

一、**居家喘息**：藉由受過訓練之照顧服務員至個案家中，提供個案身體照顧服務，包含協助如廁、沐浴、穿換衣服、口腔清潔、進食、服藥、翻身、拍背、簡單被動式肢體關節活動、上下床、陪同運動、協助使用日常生活輔助器具及其他服務。

二、**機構喘息**：個案至住宿式長照機構接受短暫照顧、停留，由機構工作人員提供二十四小時之照顧，服務內容包含護理照護、協助沐浴、進食、服藥、活動安排及相關服務。

三、**社區喘息**：個案白天至日間照顧中心/巷弄長照站或於夜間至小規模多機能服務中心，依地點提供之服務，接受照顧、停留，包含護理照護（日間照顧中心）、協助沐浴（日間照顧中心、小規模多機能服務中心）、進食、服藥、活動安排及相關服務。

無論是到府服務或暫時送到機構照顧，在一天之中，可以挪出一小段時間做自己的事，即使只是睡個兩小時的午覺、散步，運動，或聽聽音樂、喝自己喜歡的飲料、看場期待很久的電影，甚至到菜市場買東西串門子，**只要是自己喜歡且能真正放鬆的方式，都是很好的休息方法**。

另外，多練習一些放鬆技巧，例如「腹式呼吸法」「漸進式肌肉放鬆法」「韓瑞克森放鬆法」「靜坐法」「冥想法」或「生理回饋法」，這些常用的放鬆技巧，不僅能讓自己快速擺脫緊張焦慮，減少壓力對身體健康的影響，還能帶來正向的能量，提高自己遭遇挫折時的彈性。

圖八、政府提供的喘息服務

喘息服務	說明
居家喘息	照服員到府提供身體照顧服務，包含協助如廁、沐浴、更衣、口腔清潔、進食、服藥、翻身、拍背、上下床、協助使用日常生活輔助器具等。
機構喘息	將被照護者送至住宿式長照機構，接受短期**24小時**的全天候照顧。
社區喘息	將被照護者送托至社區照顧機構，主要分為下面三種類型： 1.日間照顧中心：提供**半天4小時**或**全天8小時**的照顧服務。 2.巷弄長照站：以小時為單位計價。 3.小規模多機能服務中心：服務時間為**下午6點**到**隔天早上8點**。

尋找支持團體

在歐美國家，爲幫助病友及家屬正確面對各種困難與心理壓力，大多會透過成立支持團體，由有類似病症或照護問題的病友或家屬組成，以心理學的「支持療法」爲基礎，透過相互支持與鼓勵，資訊與經驗的交流與分享，找出更多保健或照護的方法與資源，提升解決問題的能力，從而促進病患身心康復。

許多醫療機構或是民間團體均有開辦所謂的**「病友與家屬支持團體」**，例如糖尿病、失智症等各種慢性病或鼻咽癌、乳癌等癌症病友支持團體，以及長期照護專業協會、各縣市家庭照顧者關懷協會也都有類似的團體。主要照顧者選擇適合的家屬支持團體，處於與自己有相同遭遇的人群中時，會發現原來自己並不孤單，甚至與他人相比，自己的問題還是「小巫見大巫」，並沒有那麼嚴重。

尤其，家屬支持團體皆會有一個資深的領導者，帶領並引導成員分享常見問題、疾病知識、照顧方法以及自我紓解之道，加上團體成員們因處境相似，多會有一種患難與共的同理心，常會彼此共享資源與打氣，一起結伴就醫或遊玩，讓照顧者能有更多的支援與成長，藉此小團體的互助連結，照顧者有了新的社交生活圈，也較能以正向態度面對照護壓力，獲得更多同儕支持與情感慰藉，增進照護的樂趣。

善用技巧與輔具避免照護傷害

由於照顧者多半缺乏經驗，也沒有受過專業訓練，在日以繼夜的照顧過程中，常容易因搬運、移位不當，使得自己與病人受傷。因此，若能接受適當的課程訓練，注意人體工學及善用照護輔具的觀念，掌握以下幾個照顧原則，不僅能預防自己受傷，也可以維持良好的照顧品質。

一、**正確訓練**：透過各縣市政府舉辦的照顧服務員訓練課程，提升自己的照護觀念與品質，避免「土法煉鋼」自創照護方法，降低因照顧不當而受傷的風險。

二、**高度恰當**：執行照顧工作時，應注意高度、避免彎腰，例如在床邊替臥床者擦澡或更換尿布時，可將床面升高，保持上半身直立，才不會傷及腰部。

三、**施力要對**：利用人體力學的方式，如協助病人翻身時，盡量讓病人縮小臥床面積（如雙腿曲膝、雙臂抱胸、抬頭），如此照顧者便能順利輕推。將病人由床上搬運到輪椅時，亦可利用槓桿原理，先找張椅子坐下，以雙腿將坐在床緣的病人膝蓋夾住，再站起來將對方手搭在肩上帶動前傾，接著坐下時把對方臀部完全抬起，並以椅子做爲支點，順勢將病人帶到輪椅上，就能有技巧的搬動病人，同時避免病人與照護者受傷。

四、**用對輔具**：進行照護活動時，照顧者最好能穿戴束腰、護腕等護具，並藉助移位輔具、帶輪洗澡椅、電動居家護理床等輔具協助，才能既省力又安全，降低「職業傷害」的發生。

不可不知的三種基本照護技巧

照顧活動能力不佳的慢性病患，無論是親自照料或是請外傭協助，若能對照護技巧有些初步的認識，不僅能提高照顧的品質與安全性，還能適時的引導其他照顧者進入狀況，以下三種是照顧者必知且常用的基本技巧：

一、**被動關節運動**：爲了避免其因缺乏運動肌肉伸展性變差、關節僵硬活動度變小，甚而出現褥瘡等併發症，照顧者可以透過「被動關節運動」，固定協助活動長輩的四肢做爲預防。原則上患者只需平躺，由照顧者以一天至少二回，每個動作一回二十次的頻率，從上肢（如手腕、前臂、手肘、肩膀）到下肢（如腳踝、膝關節、髖關節）以彎曲、上抬、旋轉、伸直等方式，盡可能達到正常的關節活動度。

二、**拍背（拍痰與扣擊）**：主要的目的是除去呼吸道分泌物，增加肺部功能，對支氣管炎、痰多、肺擴張不全的病人很有用。訣竅是將手掌弓起如杯狀，手腕保持輕鬆，有節奏的做上下叩擊動作，方向是由肺的末端朝中心點拍打，而非來回拍擊。每次約拍五至十分鐘，拍完後讓長輩維持姿勢躺十至十五分鐘，每天約執行三至四次。

三、**翻身與移位**：當長輩翻身或側臥時，可將其左腳彎起、雙手環抱，並將自己一手搭其肩膀、另一手放臀部便能輕鬆翻動。若需從床上移位至輪椅，先將輪椅煞車鎖上、腳踏板拿起斜放於側，自己找椅子坐下，並以雙腿將坐在床緣的長輩膝蓋夾住，起身將其手搭在肩上帶動前傾，接著坐定時把對方臀部完全抬起，並以椅子做爲支點，順勢將病人帶到輪椅上；由輪椅返回床上時，依照同樣方式搬運，此方式亦可使用轉位帶，塞於長輩臀部下，拉持轉位帶的兩側拉環，達到省力、安全與舒適的效果。

第 9 章

外籍看護該如何申請？

該送機構、家人照顧，或請外籍看護？

當父母病倒、臥床失能或失智了，全家馬上就得面臨一連串的問題。首先，必須要確認長輩失能的程度，此時可以諮詢醫生，透過「巴氏量表」或「臨床失智評分量表」，判斷其生活自理狀況及失智嚴重程度，或請各縣市的照管中心協助評估病情、失能程度與照護需求。

其次，爲了決定照顧方式，建議召開家庭會議，全面盤點可用的人力、財力、時間、空間，以及被照顧者的意願、希望的照顧品質等。在會議中，必須針對送機構、家人照顧與請外籍看護的優缺點充分討論。

究竟哪一種方式最好？分析三者，送機構的優點在於有醫護或專屬人員可以協助長輩用藥、醫療照護以及解決突發狀況，特別對氣切、鼻胃管、尿管或失智的病患較爲便利，缺點在於機構良莠不齊，集體照顧容易互相干擾或疾病傳染，得耗費時間尋找，且較無隱私，長輩需要重新適應；交由家人照顧，看似優點多多，但當長輩的病況較爲複雜，或是罹患思覺失調症、失智症症狀難以受控時，主要照顧人是否有意願、有能力負荷，且平日林林總總的花費該由誰支付，常容易引起手足間的糾紛；至於請外籍看護，雖可滿足長輩住在家裡的期待，花費也比住機構與請台籍看護便宜，但在供不應求的急迫性下，人員素質較難掌控，語言溝通與管理上問題較多，長輩能否接受家裡多了陌生臉孔、會不會增加摩擦衝突的可能，都需要思量。

在權衡之間，無論選哪一種，該有的心理準備是：**沒有最完美的方式，只有在決定時兩害相權取其輕，取得家人的共識才是上策**。

由配偶、血親、長輩本人或專案提出申請

若有申請外籍看護的需求，以下的人可以擔任申請人（雇主），替長輩提出申請：配偶、直系血親、三親等內之旁系血親，或是繼父母、繼子女、配偶之父母或繼父母、子女或繼子女之配偶，祖父母與孫子女之配偶、繼祖父母與孫子女、繼祖父母與孫子女之配偶。

若長輩沒有親屬或情況特殊，經主管機關專案核定後，則可以由無親屬關係者擔任雇主，或由長輩本人為雇主，並指定具行為能力人，當其無法履行雇主責任時，代為履行。

確認長輩是否合乎資格

並非所有人都可以申請外籍看護，想申請外籍看護需經過事前評估，若長輩符合以下條件，就具備申請外籍看護的資格：

一、**到經衛生福利部指定醫院完成「巴氏量表」評估，符合以下情況者：**

●未滿八十歲，有全日照護需要（巴氏量表爲三十分以下爲原則，最高不得超過三十五分）。

●八十歲以上未滿八十五歲，有嚴重依賴照護需要（巴氏量表爲六十分及六十分以下）或全日照顧需要。

●八十五歲以上，有輕度以上依賴照護需要（巴氏量表有任一項目失能者）。

二、**領有身心障礙手冊，且符合特定身心障礙重度或極重度等級項目之一、或中央主管機關公告之身心障礙類別鑑定向度者**，包含平衡機能障礙、智能障礙、植物人、失智症、自閉症、染色體異常、先天代謝異常、其他先天缺陷、精神病、肢體障礙（限運動神經元或巴金森氏症等二類疾病，但曾聘僱外籍家庭看護工者，不在此限）、罕見疾病（限運動神經元疾病，但曾聘僱外籍家庭看護工者，不在此限）、多重障礙（至少具有前十一項身心障礙項目之一）。

三、**使用長照服務（居家、日間或家庭託顧服務）持續六個月以上**。

四、**經神經科或精神科專科醫師開立失智症診斷證明書，並載明或檢附臨床失智評估量表（Clinical Dementia Rating，CDR）一分以上者。**

五、**曾聘僱外籍看護，且被看護的長輩為七十五歲以上，以及持有無註記有效期間身心障礙證明者。**

「巴氏量表」是什麼？

「巴氏量表」是醫療團隊評估被照顧者日常生活功能的指標，根據是否能自己進食、移動、盥洗、如廁等項目來評分，想要申請外籍看護，大多會以「巴氏量表」做為申請的證明文件。因為分數愈高表示患者生活自主能力愈高；反之，分數越低表示患者的生活自主能力愈不足、愈需要依賴人照顧。

巴氏量表評分總分為一百分，分為五個等級分數級距：

一、完全依賴：〇分～二〇分（〇分可同時申請二名外籍看護）。

二、嚴重依賴：二一分～六〇分。
三、中度依賴：六一分～九〇分。
四、輕度依賴：九一分～九九分。
五、完全獨立：一百分。

巴氏量表如何申請？

並非所有的醫院都能開立巴氏量表，必須是勞動部公告的醫療機構才具有資格。由於巴氏量表沒有限定哪一科別的醫師才能開立，一般而言，許多人會習慣找平日熟悉的醫生幫忙，不過，過往開立巴氏量表引發的爭議衝突頗多，有些醫生會傾向拒絕，一旦遭拒，不妨委婉詢問是否有轉介的醫師，或是選擇復健科、神經內科、家醫科或神經外科等較常協助處理的科別試試。

預約門診後，需備妥下列資料，帶能行動的長輩親洽醫院門診開立證明書：

一、「病症暨失能診斷證明書（巴氏量表）」及「申請聘僱外籍看護工基本資料傳遞單」。

二、病人的三個月內兩吋照片二張。

三、申請人（雇主）的身分證正本。

若長輩行動不便或遭逢重度身障、全身癱瘓、植物人等狀況，則可向各縣市照管中心預約自費申請「到宅評估鑑定」，照管中心會派人到府評估是否符合申請到宅評鑑的資格，費用約三千～四千元（含醫師出診費、評估費、交通費），十四天內到宅鑑定、三十天內送出巴氏量表報告。

六、平地走動	15	使用或不使用輔具（包括穿支架義肢或無輪子之助行器）皆可獨立行走 50 公尺以上。
	10	需要稍微扶持或口頭指導方向可行走 50 公尺以上。
	5	雖無法行走，但可獨立操作輪椅或電動輪椅（包括轉彎、進門及接近桌子，床沿）並可推行 50 公尺以上。
	0	需要別人幫忙。
七、上下樓梯	10	可自行上下樓梯（可抓扶手或用拐杖）。
	5	需要稍微扶持或口頭指導。
	0	無法上下樓梯。
八、穿脫衣服鞋襪	10	可自行穿脫衣服鞋襪，必要時使用輔具。
	5	在別人幫忙下，可自行完成一半以上的動作。
	0	需要別人完全幫忙。
九、大便控制	10	不會失禁，必要時會自行使用塞劑。
	5	偶爾會失禁（每週不超過一次），使用塞劑時需要別人幫忙。
	0	失禁或需要灌腸。
十、小便控制	10	日夜皆不會尿失禁，必要時自行使用並清理尿布尿套。
	5	偶爾會失禁（每週不超過一次），使用尿布尿套時需要別人幫忙。
	0	失禁或需要導尿。
總　分	0 ～ 20	完全依賴（0 分可同時申請 2 名外籍看護）
	21 ～ 60	嚴重依賴（未滿 80 歲，需 35 分以下）
	61 ～ 90	中度依賴（滿 80 歲以上，需 60 分以下）
	91 ～ 99	輕度依賴（滿 85 分以上，有輕度依賴或巴氏量表任一失能）
	100	完全獨立

圖九、日常生活活動功能（ADL／巴氏量表）

項 目	分 數	內容
一、進食	10	自己在合理的時間內（約十秒鐘吃一口），可用筷子取食眼前食物。若須使用進食輔具，會自行取用穿脫，不須協助。
	5	須別人協助取用或切好食物或穿脫進食輔具。
	0	無法自行取食。
二、移位 包含由床上平躺到坐起，並可由床移位至輪椅	15	可自行坐起，且由床移位至椅子或輪椅，不須協助，包括輪椅煞車及移開腳踏板，且沒有安全上的顧慮。
	10	在上述移位過程中，須些微協助（例如：予以輕扶以保持平衡）或提醒，或有安全上的顧慮。
	5	可自行坐起，但須別人協助才能移位至椅子。
	0	須別人協助才能坐起，或須兩人幫忙方可移位。
三、個人衛生 包含刷牙、洗臉、洗手及梳頭髮和刮鬍子	5	可自行刷牙、洗臉、洗手及梳頭髮和刮鬍子。
	0	須別人協助才能完成上述盥洗項目。
四、如廁 包含穿脫衣物、擦拭、沖水	10	可自行上下馬桶、便後清潔，不會弄髒衣褲，且沒有安全上的顧慮。倘使用便盆，可自行取放並清洗乾淨。
	5	在上述如廁過程中須協助保持平衡、整理衣物或使用衛生紙。
	0	無法自行完成如廁過程。
五、洗澡	5	可自行完成盆浴或淋浴。
	0	須別人協助才能完成盆浴或淋浴。

經照管中心確認資格審查

只要長輩的「病症暨失能診斷證明書」「巴氏量表」評估符合資格，醫院會將評估結果註記於「申請聘僱外籍看護工基本資料傳遞單」中，並將相關資料遞送至當地縣市照管中心辦理後續申請作業，待照管中心收到評估文件後，會通知雇主核對相關資料。其他無須評估者，則可逕自向長輩居住縣市所屬的照管中心申請。

評估資料經照管中心審核合格後，照管中心會先推介本國籍照顧服務員，以保障本國勞工就業機會，屆時會與申請人聯繫，申請人須回傳照服員「求才登記表」「申請人」及「被照顧者」身分證正反面影本，經媒合無符合條件的本國籍照服員或申請人有正當理由拒絕媒合結果後，照管中心會將評估資料及推介結果轉至勞動部勞動力發展署。

向勞動部申請招募許可函

由於外籍人力並不屬於台灣國民，因此想申請外籍看護要向勞動部提出招募申請，若是初次申請，雇主須備妥招募申請書、申請人身分證正反面影本、申請人及被看護者戶口名簿影本，以及審查費新台幣兩百元，詳細表格資料與規範可至勞動部發展署網頁下載。

以上申請流程大概需要六十個工作天，審查通過以後，雇主就具備聘請外籍看護的資格了。須提醒的是，由於巴氏量表效期為一年，勞動部招募許可函批核後的有效期限為六個月，加上可自動展延一次三個月，合計共九個月，申請期間必須要留意進度，以免巴氏量表逾期而失效。

是否非得透過仲介找人？

若是第一次找外籍看護，一般而言，聘僱方式有兩種，一是**所有程序自己來**，使用勞動力發展署「直接聘僱聯合服務中心」找人；二是**透過仲介公司協助**。

為協助雇主自行聘僱移工，政府在二〇〇七年成立了「直接聘僱聯合服務中心」，採單一服務窗口，免費提供雇主各國語言諮詢（中英、中泰、中越、中印）、查詢、代轉、代寄，以簡訊或email提醒雇主移工入國後辦理相關後續事宜等服務功能，並推出「聘僱移工小幫手APP」提供雇主利用手機進行移工聘僱期程試算、案件進度查詢、勞工法令查詢等功能，以及「在臺期間管理資訊平臺」提供健康檢查、居留證、換發護照、變更工作地等資訊。

不過，考量申請手續、選工、入境後健檢、居留證、糾紛協調、外勞逃跑等風險處理較爲繁雜，一旦疏漏了該辦的事項，不僅會被罰款還可能被廢止聘僱，算算耗費的心力與時間成本，許多人寧可多花點「代辦費」交由仲介公司代勞。

坊間琳瑯滿目的仲介公司，究竟該如何挑選？

首先，不妨先請親友推薦口碑較佳的公司，或是到勞動力發展署網站查詢「年度私立就業服務機構從事跨國人力仲介服務品質評鑑」結果，盡量挑評鑑爲優等、甲等的公司，並搭配「仲介規模」「外勞行蹤不明率」判斷，若達五百人以上，且家庭類引進比例達八〇%以上、外勞行蹤不明率在一．五%以下，代表經驗較爲豐富，且仲介服務較有品質。

其次，考量後續服務品質，還須將第一線服務的業務員素質與經驗納入，並針對常見的問題詢問，例如，當外籍看護不告而別、受傷、死亡或與雇主發生勞資糾紛時，該公司是否有妥善處理的SOP，以做爲篩選的判斷。

要怎麼選擇適合的外籍看護？

要如何挑選外籍看護，網路上有許多經驗之談，像是以國籍來看，菲律賓看護較靈活，印尼看護較死板，越南看護自尊心強；以過去工作地點，待過香港的多會要求休假，待過阿拉伯地區的須花多點時間教育，而新加坡的最好，看護品質較整齊。

不過，根據資深仲介的經驗，由於面對的是「人」，加上國情、文化、地區及教育程度、個性、生活習慣的不同，各種量化的判斷標準，都可能因人而異，或因來台時間拉長而失準，因此，雇主要有的心理準備就是，要找到十分契合的外籍看護眞的只能靠「運氣」。

話雖如此，針對被照顧的長輩的狀況，雇主還是必須清楚自己的需求，究竟外籍看護哪些特質或能力是最重要的，哪些是次要的，哪些是可有可無的，藉此做爲取捨，以免日後後悔。

例如，若長輩長期臥床，需有人協助搬動洗澡，可在仲介公司安排視訊面試時，要求安排與病人體重相似的工作人員，由應徵者現場攙扶或抱起觀察，另外爲了測試應徵者耐心與做好心理準備，也可將長輩的狀況講得嚴重些，要求翻譯老師確認其聽懂，避免來台因不適應而走樣。

至於年齡、家庭背景、婚姻狀況、教育程度高低，甚至視訊時說話的表情、眼神都有參考價值，可以依自己的社會經驗與直覺判斷。

可否一次申請兩名外籍看護？

根據規定，申請家庭外籍看護工，以一名受看護人聘僱一名家庭外籍看護工爲限。

不過，若被照顧的長輩經由醫師與鑑定人員完成鑑定，再由社會局（處）進行評估，發給身心障礙證明，爲屬植物人的身心障礙者，或經合格醫院開具診斷證明書，證明其巴氏量表中包括進食、輪椅與床位間的移動、個人衛生、上廁所、行走於平地上、洗澡、上下樓梯、穿脫衣服、大便控制、小便控制等十項，評分總分為〇分，且屬於完全依賴者，並經醫師評估為「六個月內病情無法改善」，便可向勞動力發展署申請增加招募名額至二位。若家中已有一名外籍看護，則可接續聘僱另一名，以便日夜輪流照護。

增額的部分，其申請人不限於同一人，只要符合為被照顧人的配偶、直系親屬如祖父母、父母、子女、孫子女，或三等親以內之旁系血親如兄弟、叔姪，二等以內姻親如婆媳、女婿、媳孫、孫婿等資格，皆可申請。

外籍看護費用如何計算？

概括而言，聘僱外籍看護雇主需支付的費用，包含「基本薪資」「加班費」「就業安定基金」「健保費」「職業災害保險費」「機票」等項目。

首先，關於「月薪」部分，自二〇二二年八月十日起，新聘僱外籍看護或三年期滿回聘，費用調升為新台幣二萬元。

其次，在「加班費」部分，外籍看護週日算休假，若希望假日持續工作，需另給加班費（六百六十七元／天），期滿一年後，得提供每年固定七天的「特休假」，不隨勞基法年資而增加。

另外，雇主每月需繳納「就業安定費基金」給政府，此費用是從外籍看護入境的隔日開始算起，一直到離境或經勞動部廢止外國人聘僱許可前一日結束，每月以新台幣二千元計算，未滿一個月則每日以新台幣六十七元計算，且採季繳方式，一次寄發三個月帳單，若未於限期內繳納，雇主會被罰繳滯納金。

雇主每月亦須分擔外籍看護的「健保費」新台幣一千三百二十九元，以及「勞工職業災害保險費」四十九元，其中職災保險保費併同在就業安定費繳納月份收繳，以季收爲主。

關於「機票」錢該誰來付，聘僱三年期滿時雇主須支付外籍看護回程機票一張。若是中途解約事由爲移工因素，其回程機票費由看護自行負擔。雇主因不可抗拒之原因（如：被照顧人死亡、經濟狀況不佳、移民等）導致合約須終止時，看護可留台繼續工作，由仲介協助轉換雇主，以三方或兩方合意方式做轉換；反之若移工選擇離境返國，其機票費亦由雇主負擔。

圖十、聘僱外籍看護的費用計算

家庭看護工（雇主負擔部分）	
基本薪資	新台幣 20,000 ／月
加班費	加班 4 天 新台幣 667 x 4= 2,668
就業安定基金 （勞動部三個月為一期寄發繳款單， 雇主應於期限內持單繳交）	新台幣 2,000 ／月
健保費 （依投保薪資 NT$27,470 計算， 外勞自付 426 元／月（自 113 年 1 月 1 日起）	約新台幣 1,329 ／月
職災保險費 （依投保薪資 NT$27,470 計算， 職災保險費率 0.18%（自 112 年 1 月 1 日起）	約新台幣 49 ／月
平均每月花費金額 （含 4 個星期天的不休假津貼）	約新台幣 26,046
小提醒：外勞工作期滿之返鄉機票，由雇主負擔；惟契約載明另行約定者，則依其約定。	

家庭看護工（外勞自行負擔部分）	
健保費用 （依投保薪資 NT$27,470 計算， 外勞自付 426 元／月（自 113 年 1 月 1 日起）	新台幣 426 ／月
體檢費用 依醫院實際報價為準（入境 3 天內、6 個月、 18 個月、30 個月）（衛生署指定醫院）	新台幣 2,000 ～ 3,500
居留證規費 （入出國及移民署）	新台幣 3,000 ／ 3 年
服務費	新台幣 1,500 ～ 1,800 ／月
護照費用	新台幣 1,100 ～ 2,500
回程機票	新台幣 8,700 ～ 25,000
重入境機票費用	新台幣 14,000 ～ 18,000
重入境接機費用	新台幣 800 ～ 2,000

如何與外籍看護溝通？

尊重是有效溝通的基本法則，雇主要有正確的心態，就是外籍看護應該是分攤、協助的角色，而不是負擔所有家務或自己都做不到的事。

一開始語言隔閡常是最大的挑戰，許多長輩對日常家務有自己的邏輯及堅持，加上心智退化、病痛在身，難以理性溝通，當長輩多次下達指令，外籍看護卻有聽沒有懂，常會失去耐心。當看護聽不懂長輩的話、長輩吵著要換人，長此以往，主要照顧者夾在中間十分爲難，看護也會不堪壓力，橫生枝節。

因此，要改善語言的問題，不妨多利用學習中文的資源，例如台灣華語教育資源中心、華語文能力測驗、全球華文網都有線上學習資源，而勞動署外國人勞動權益網，也有針對外籍看護專門設計的中文教材，台北移工學校則設有YouTube 頻道，鼓勵移工與雇主一同在線學習，除了語言學習，還有許多照護、生活與文化知識，一旦溝通順暢，關係也會逐步改善。

爲了讓外籍看護清楚每天應做的事，且能兼顧到品質，最好在交付任何新工作時，均能示範分解動作，並帶著做一次，每週教二至三項重點工作，學會後再教另外二至三項，且事先做好工作規畫，請仲介協助翻譯，將工作明細及標準寫在紙上，做爲提醒的依據，讓他能充分了解重點與標準。亦可善用仲介公司的翻譯老師，協助溝通、現場輔導。

相處時，盡量能了解外籍看護的信仰、飲食習慣，不觸犯他們的禁忌。此外，家中分別要有人扮白臉、黑臉，在親疏的分寸拿捏也要適可而止，太過嬌寵容易讓他們忘記身分；太過嚴厲、動輒當眾辱罵，則會養成怕挨罵而不敢說的習慣，尤其，絕對要杜絕讓小孩越俎代庖，指揮外籍看護做事，甚至隨意批評指責。

平時工作除了給予讚美及關心，適度讓他們休息、喘口氣，在約定的工作內容之外，請他們幫忙時雇主最好能注意禮貌，且雖在自己家裡，錢財或貴重物品也不要放在明顯處，若能上鎖最好，以免引起貪念。另外，不要輕易借錢給外籍看護，以免無法如期償還心生疙瘩。

該教外籍看護哪些重點？

外籍看護初來乍到，還處於人生地不熟的適應階段就得立即上工，加上語言不通、生活習慣不同，且對如何照顧老人一知半解，本來該是來幫忙的卻總是幫倒忙，還把環境弄得一團亂，因此，若想縮短摸索時間，讓外籍看護快速變成好幫手，雇主們就得花點心思，抓對方法調教。

首先，在生活起居與習慣方面，很多我們覺得「理所當然」的事，外籍看護可能沒有這樣的認知，例如，東南亞沒有冬天，他們不知台灣冬季多半濕冷，需要多注意長輩保暖，而許多電器、廚房用品，他們過去不曾使用過，一定要翻譯成他們的母語貼在電器上，且要多示範幾次，才不會因操作不當而損壞或釀成危險。其次，在基本照護技巧上，無論是量體溫、脈搏、血壓，床上洗頭、擦澡、協助更衣，背部護理、翻身，輪椅、電動病床、氧氣瓶、製氧機等使用，或是基本救命術、急症處理等基礎照護技能，雇主除了要有概念，也可以尋找相關課程資源，帶著外籍看護一起學習。

若照顧的是罹患特殊疾病的長輩，如失智症患者，便需要多花時間幫助外籍看護了解長輩的過去，學習如何與失智症患者互動，其中，至少要花上半年的時間居中緩衝，一方面引導外籍看護學習，一方面讓長輩逐漸熟悉這張新面孔。

也可善用各縣市政府相關的指導資源，以雙北為例，便提供護理師及通譯人員共同到宅一對一培訓指導外籍看護照顧技術及方法，服務內容包含翻身移位照護指導、飲食照護指導、排泄與潔身照護指導、失智症照護技巧指導、肢體關節活動及自立支援照顧技巧指導、復能運動指導、進食及預防嗆咳護理指導及居家健康管理諮詢等。

另外，許多新世代陸續加入外籍看護的行列，這些在自己國家屬於Z世代（一九九七年起出生的網路世代）的年輕面孔，他們人手一機，頻繁使用社群媒體分享想法，瀏覽網頁、收集資訊、網購對他們來說如家常便飯，個性鮮明、自尊心強是他們共同的特色，因此，多了解新世代的特徵，拋開刻板印象，善用他們的長處，才能找到合適有效的相處模式，培養出最佳隊友。

雇主要遵守哪些規則？

一、**外籍看護不可以兼職**：根據規定，所有外籍看護只限服務勞動力發展署核准的雇主，任何其他形式的兼職，不論時間長短，或是否已取得雇主同意，均違反《就業服務法》規定。

二、**外籍看護不能當外傭使用**：外籍看護依法僅能照顧老人或身障者，若被指派帶小孩、陪同逛街購物或從事餐飲小吃、販售等行爲，將可罰雇主三萬到十五萬元，並限期改善。屆期未改善者，可廢止其聘僱許可。

三、**不能任意變更工作地點**：申請家庭看護工調派至養護機構、護理之家機構、慢性病床或呼吸照顧病床等照料被看護者，每一次原則得申請六個月，三年內累計不得超過十八個月。否則未先經主管機關許可變更工作場所，如逕自帶往醫院或養護機構照顧長輩即違反規定。

四、**不能代扣薪資**：由於雇主不是所得稅法中外籍看護所得的扣繳義務人，因此即使外勞簽具委託書，也不得協助保管或代扣。若雇主違反規定，得依法處以新台幣六至三十萬元的罰鍰。

五、**不能隨意扣留護照或居留證**：根據規定，雇主不得非法扣留或侵占所聘僱外國人的護照、居留證或財物，因此雇主無權以保管之名，要求外籍看護將護照交出。

六、**雇主應定期繳交就業安定費**：雇主依規定每三個月得繳交就業安定費，未依規定辦理者，除了得多付出滯納金，最後還會被廢止聘僱許可。

七、**雇主應定期安排健康檢查**：雇主應於外籍看護來台「三日內」（三個工作日，例假日扣除），安排其至衛生福利部「指定醫院」辦理初次入國健康檢查，並於「十五日內」檢附健康檢查證明，向勞動部申請外籍勞工聘僱許可。後續則分別爲工作滿六個月、十八個月及三十個月之「前後三十日內」接受定期健康檢查，違反規定者將處新台幣六至三十萬元的罰鍰。

八、**不可私下轉換雇主**：若想將外籍看護轉換給朋友，可以透過就服中心或三方合意的轉換程序，切勿未經許可私下轉換，否則雇主將違反《就業服務法》第五十七條第二款，以本人名義聘僱外國人爲他人工作規定，被處新台幣十五至七十五萬元罰鍰，而接受轉換的朋友也將因違反同法第五十七條第一款，聘僱未經許可外國人而受罰，罰鍰額度與原雇主相同。

九、**長輩身故後應協助轉出**：若被照顧者身故，雇主應在規定期限內，協助外籍看護辦理出境或轉換雇主等相關事宜，以免違法受罰。

十、**應依規定辦理各項申請程序**：外籍看護入境三日內，雇主應安排其至指定醫療院所接受健康檢查，並向工作所在地縣市政府辦理入國通報。接著入境十五日內，則需向勞動部辦理聘僱許可，及至當地移民署服務站辦理居留證。後續包括外籍看護定期健康檢查，以及聘僱許可期滿前遣送外籍看護出國皆爲雇主的職責。由於外籍看護申請程序環環相扣，缺一不可，若雇主逾期未辦理，十五日內仍可補行申請，但各類案件只有一次補救的機會。

外籍看護不告而別或偷竊該怎麼辦？

根據仲介公司經驗，外籍看護易發生「不告而別」的三個「高峰期」，分別爲入境半年內、離境半年前、轉出期間。究其原因如聘僱期限即將屆滿、生活或工作環境無法適應、仲介服務費太高、溝通不良、希望有較高之待遇、思鄉情緒或受其他外勞的慫恿等都有可能。

由於「不告而別」的眞相複雜且防不勝防，雇主除了平日多關照他們的情緒、談談心，盡量避免衝突，給他們適當的休息，還要多注意他們的交友情形，並適時傳達失蹤可能面臨的處境：諸如可能觸法且易被地下仲介或色情販子控制，加上非法聘僱不但沒健保、無處申訴，還可能被剝削，如被抓到就會遣返回國等。

當此一狀況眞的發生時，雇主必須盡快告知仲介公司，當連續失蹤滿三日，以此起算，接續的三天之內，須以書面通知各縣市勞工局、警察局、移民署專勤隊及勞動力發展署，否則會被罰款三至十五萬。狀況發生後，雇主想申請遞補外籍看護，三個月內若成功尋獲並遣返完成，便可直接辦理，否則就得等到三個月期滿才能申請遞補。

至於偷竊部分，考量人皆有貪念，雇主應以預防爲前提，包括財不露白、安裝監視器或平日有意無意聊到偷竊的下場，一旦察覺家中財物減損，除非證據確鑿，否則不可打草驚蛇。若爲初犯且情節輕微，建議以寫切結書方式警惕即可；若累犯或情節重大，除了簽寫切結書，則可安排遣返或進行申告，但雇主必須要有心理準備，一旦訴諸法律，得耗費一至六個月訴訟及判決，方能進行外勞遣返及遞補。

如果外籍看護不適任，該如何處理？

對外籍看護不滿意，可不是想換就換得了！

首先，雇主若想提前解雇，得到各縣市勞工局，申請辦理中途解約的驗證程序。此時，勞工局會先詢問外籍看護返國之意願，若其不願返國則會進入勞資爭議的調解程序。由於勞工局受職權所限，無法判定外籍看護適不適任或應該解約回國，縱然雇主提出多張「警告單」，也只能依規定進入調解程序處理。

圖十一、如果外籍看護不適任

1 提前解雇	到各縣市勞工局申請辦理中途解約的驗證程序→勞工局詢問外籍看護返國之意願，若其不願返國則進入勞資爭議調解程序。
2 辦理轉出	如果六十日內有其他家庭願意接手，即可以直接把外籍看護轉給對方，若一直無人接手才會將其遣送回國。

不過，若外籍看護有偷竊、傷害雇主或被照顧人等違反我國法令情形，經司法機關起訴或判刑，或明確違反《就業服務法》規定，經我勞動部廢止其聘僱許可並限令出國，雇主就沒有辦理驗證手續的必要。

近年來，儘管抱怨外籍看護不適任的雇主爲數不少，眞正遣送的比例卻只降不升，究其原因，一方面是外勞申訴管道變多，各國亦設有保護其權益的機制，一方面供應國減少輸出，外勞變得搶手，且因爲外籍看護不適任的認定較爲困難，仲介多半會希望雇主採取變通做法，放棄驗證解雇而改採「轉出」辦理，只要在規定期間內（六十日內，特殊個案於期滿後，還可以再申請展延一次）有其他家庭願意接手，即可以「三（雙）方合意」直接把外籍看護轉給對方，若一直無人接手才會遣送回國。

到期後若想繼續雇用同一看護

若覺得雇用滿三年，即將屆期的外籍看護表現不錯，想要繼續聘用，可以在**期滿前四個月**，請仲介代為向主管機關辦理重新招募許可，**最長工作期限為十四年**。

另外，因為聘僱的是同一人，雇主亦可善用勞動部的「直接聘僱聯合服務中心」，以直聘方式自己辦理招募手續以縮短招募時間，並節省雇主與外籍看護雙方的仲介費用。

關於重新招募的申辦步驟，與初次聘用外籍看護大致相同。首先，雇主需帶著被照顧的長輩到醫院重新接受評估，做完評估後需於十四至六十日內申請招募許可。不過，若長輩已滿八十歲，或為腦性麻痺、脊髓損傷、截肢、全癱、需二十四小時使用呼吸器或維生設備、植物人等情形者，在重新聘用外籍看護時，則不用再做醫療評估。

其次，當醫院完成專業醫療評估後，會將傳遞單遞送給照管中心，而無須做評估者則直接前往照管中心，接續本國籍照服員推介程序，照管中心會將媒合結果轉給勞動力發展署審核，經與雇主申請案併案審核符合規定者，即核發「重新招募許可函」。

如果急尋外籍看護，有哪些合法方式？

若想快點找到外籍看護應急，許多人會考慮一些已在台灣工作，工作契約未到期卻被雇主轉出的人選，他們轉出的真正原因包含照顧的長輩康復或過世、雇主經濟無法負擔，當然也有的是相處不睦、不適任等，若想探究真正轉出的原因並不容易。

若雇主已取得外籍看護招募許可，可以到各地公立就業服務機構辦理媒合接續聘僱，或是雇主已有認識合意或仲介公司介紹的外籍看護人選，經由三方合意的方式辦理承接。如此，一方面可親自面試或向前雇主打聽其表現，一方面聘僱的手續時間比從國外直接引進約縮短六週，有的甚至一週之內就可上工。

需特別提醒的是，**承接別人的外勞有一定的風險**，因法令規定外籍看護工必須屬於「不可歸責」方能轉換，原雇主有可能是因其不適任，但卻以其他原因轉出，若承接後仍有不適任問題，屆時不但幫不了忙，還會變成一塊燙手山芋，加上外籍看護的法定服務時間爲三年，新雇主承接進來後，得扣掉他在前一雇主花的時間，剩下的才是能服務的時限。

長輩往生後外籍看護要怎麼處理？

外籍看護的工作是照顧生病的被照顧者，被照顧者往生時將喪失繼續聘僱外籍看護的資格。此時，外籍看護已無繼續在台工作意願時，雇主可協助其回國，否則，雇主可採取下面幾種方式辦理轉換：

一、**轉而照顧家中其他被照顧者**：在雇主不變的前提下，家中若有其他符合親等資格及申請條件的被照顧人，例如爺爺往生，奶奶也需要照顧，經徵詢外籍看護的意願，便可向勞動部提出申請，將被照顧者由爺爺變更爲奶奶，而將外籍看護工留下。

二、**從看護轉成家庭幫傭**：在雇主不變的前提下，家中若有幫傭需求，且符合親等關係累計點數滿十六點，便可直接向勞動部提出申請，將外籍看護轉換成家庭幫傭。

三、**轉給別的雇主當看護**：被照顧者往生，雇主可透過當地公立就業服務機構公告轉換，或以三方合意方式將外勞轉出。勞動部爲協助外勞轉換雇主，已建置轉換資訊平台，想轉出外勞及想承接外勞的雇主，都可藉由該系統進行媒合。外籍看護轉換期間，原則上爲六十天，最多可再延長一次，至一百二十天。

四、**轉給別的雇主作幫傭**：若新雇主爲不具血緣之朋友，則只能透過就服中心的公告，或以三方合意方式進行承接，其程序與前述轉出程序相同。

外籍看護於完成轉換前，雇主仍應負擔生活照顧之責任。此外，切記不可私下轉換外籍看護，亦不可於完成轉換程序前，先行借至其他家庭使用。以上行爲都是違反法令的，經查獲將被科處新臺幣十五萬至七十五萬元罰鍰。五年內再違反者，處三年以下有期徒刑、拘役，或科或併科新臺幣一百二十萬元以下罰鍰。

家裡的看護可跟長輩入住機構，但有時間限制

根據勞動部勞動力發展署規定，長輩入住護理之家、養護機構，可以將原本聘任的外籍看護帶在身邊，不過，雇主須向勞動部申請變更工作場所，並且留意每次申請期限最長不能超過六個月，到期後也可以申請延期，惟三年之間累計申請時間不得超過十八個月。

針對外籍看護，政府提供哪些服務及補助？

一、**弱勢家庭可申請看護薪資補貼**：政府因應二〇二二年八月調高外籍看護每月薪資三千元，可能對經濟弱勢家庭造成衝擊，特別針對（中）低收入戶、領取身心障礙者生活補助費或中低收入老人生活津貼的雇主或被看護者，自二〇

二二年八月十日起至二〇二五年八月九日止聘僱許可期間內，提供薪資補助，每月最高補助三千元。

二、**可搭配長照服務紓解壓力**：若長輩已請外籍看護，只要照管中心評估符合長照需要等級爲第二級（含）以上者，爲舒緩照顧壓力，仍可使用政府的長照服務，包含到宅沐浴車、交通接送、輔具及居家無障礙環境改善、專業服務及喘息服務等。

三、**可使用短期替代照顧服務**：爲讓看護能適時休息，以及長輩的照顧不中斷，如長輩同前述符合長照需要等級第二級（含）以上，亦可申請政府的短期替代照顧服務，包括日間照顧中心短照服務（全日／半日）、機構住宿式短照服務、小規模多機能服務（夜間短照服務）、巷弄長照站短照服務、居家短照服務，補助額度爲長照需要等級第二級至第六級者，每年額度八萬七千七百八十元；長照需要等級第七級至第八級者，每年額度七萬一千六百一十元。此外，雇主可選擇申請使用短照服務或擴大喘息服務，兩者合計每年最高五十二日。

第 10 章

尋找適合的照護機構

善用各大醫院的出院準備服務中心

什麼是「出院準備服務」？這項在一九二〇年由美國社工界發起，後來發展成醫院評鑑項目，引入台灣迄今已有二十年歷史的服務，除了可提高病床的成本效益（如縮短住院日、強化急性病床運用率），還可貫徹病人由住院到出院連續性的照護，提升患者的生活品質。

一般而言，在各大醫院會有一組由病房護理人員、社區護理室護理師、醫師、營養師、復健師、社工、藥劑師等編制而成的團隊，當病患一住院，便開始啓動出院後的照顧計畫，包括住院期間護理指導、疾病診斷治療及預後評估、協助準備醫療輔助器材、指導病患及家屬飲食設計及準備、各類復健活動、相關用藥諮詢與指導，若有需要，還會提供社會福利照護資源訊息，轉介至護理之家、安養中心或其他慢性機構安置，甚至有的醫院還會提供如居家服務、喘息服務、居家復健、送餐服務等。

因爲強調的是「出院準備」，家屬或病患在住院期間，即可主動向病房護理人員或主治醫師提出需求，及早了解與學習出院後的照顧方式與資源，如此才不會因出院在即而措手不及，也能透過醫院的專業人員，與出院後銜接的照顧機構或主要照顧人員充分溝通與交接，讓轉出的病患在照顧的品質上，眞正做到無縫接軌。

健康時和身體無法自主時，需求不同

若長輩健康狀況良好，可以自由活動，考慮其獨居住所不安全、家人長居國外或過於忙碌，以致無法照應時，安養中心以健康老人爲主，提供居住空間、三餐飲食、文康休閒以及保健活動，既有同儕又有護理、社工人員看顧，會是一個不錯的選擇。若意識清楚，但身體狀況不佳、行動不便，需有人協助照料，抑或插有鼻胃管、導尿管但健康狀況還算穩定，不需要較頻繁與複雜的醫護服務者，則可以選擇養護機構。

重度失能，長期臥病在床，有氣切、鼻胃管或需使用氧氣等服務的長輩，則可考慮進駐長期照顧機構或護理之家。兩者皆提供二十四小時照護，差別在於機構所屬的法源、主管機關不同，前者主管爲社政單位，後者則爲衛生單位，且護理之家主要由資深護理人員負責，長期照顧機構負責人則無須護理背景。

另外，若長輩被診斷爲失智症中度以上，且具行動能力需受照顧時，可以選擇失智照顧型的機構，或是設有失智專區的護理之家或養護機構。値得一提的是，近年來也有提供安養、養護、失智、長期照顧的綜合型機構成立，強調從健康到失能、失智都有所對應的連續性照顧，解決了不同老化階段的需求。

沒時間慢慢選的時候

若醫院督促出院或長輩失能、失智情況加重，家屬幾乎抽不出空挑選，想要快速判斷養護機構好壞，以下幾個方法可以參考：

一、**先以需求為思考**：若長輩還能活動交際，應先尊重他們的決定，若需定期回診，可以考慮選擇醫院附近的機構；若已長期臥床，則以探視方便為主。

二、**合法立案與評鑑乙等以上**：可以先上網查詢相關資訊，有無合法立案是最基本的標準，而關於衛生福利部社會及家庭署與各縣市政府社會局的評鑑，至少應在評鑑乙等以上，且沒有重大違規事件。

三、**至少白天、晚上到現場各看一次**：縮小篩選範圍後，親自造訪很快就可分辨良莠，白天選用餐時間去，可以注意菜色、餵食動作以及環境整潔、有無尿騷味，長者的表情是否開心、有活力。晚上選下班時間去，則要注意夜班人力配置，確認是否具面對狀況能立即判斷與送醫的能力。

四、**針對最在意的部分問清楚**：例如，對於長輩因失智而發生的問題行爲，機構的處理流程是否滿意，對不同病狀的病患，是否有足夠的專業以適合的方式照顧，而非一視同仁。另外包括費用計算、長輩下床活動次數、活動安排、用餐、作息等生活細節，甚至合作醫院等，都要問清楚才決定。

照護費用怎麼算？

台灣現行住宿式照顧機構大致包含安養中心（養老院）、長期照顧機構（長期照護中心）、護理之家、榮民之家，以及身心障礙福利機構、精神護理之家。由於各家照護機構、各種類型的收費方式不盡相同，且政府對於收費標準並無規範，在尋覓落腳之處時，必須盡可能釐清與確認收費項目，才能避免入住後引發爭議。

關於安養中心，因以生活能自理者爲對象，比較重視生活機能，並以房型、坪數計價，等級差別較大，需支付的項目分爲住宿費、膳食費、水電費、管理費等，撇除一些強調頂級服務的機構，以大台北地區為例，每月繳交的費用約在兩萬五千至三萬元，若有其他要求（如復健課程、營養品……等）就需要再額外的費用。

長期照顧機構（長期照護中心），指的是提供二十四小時照顧服務的住宿型機構，根據對象及自理程度，又分為「養護型」「長期照護型」，以及「失智照顧型」。一般而言，照護需求的程度從輕到重分別為安養中心、養護型、長期照顧型或護理之家、失智照顧型。

「養護型」的對象是無法自主生活，但不需要專門看護服務的高齡者，也就是有意識但需要協助生活行為的長輩，依規定機構內需隨時保持至少一位護理人員值班，且每二十床應有一位護理人員；無法服務插三管的患者（氣切管），可服務至插二管的患者，沒使用或只使用一管也可服務，每月基本照護費用約三萬三千至四萬七千元。

「長期照護型」針對的是有慢性病且有長期醫療服務需求的高齡者，與護理之家不同之處是設立的負責人非護理人員，每十五床至少應有一位護理人員，二十四小時均應有護理人員值班，且可服務至插三管的患者，沒使用或只使用一

圖十二、照護機構比較

機構類型	養老院	長照中心		護理之家
		養護型	長期照護型	
照護對象	可自理生活的長輩	意識正常，但生活不能自理的長者	無法自理，且需要長期醫療（包含三管治療）照護需求的患者	罹患慢性病，且包含三管照護，或急病出院後仍須醫療照護的患者
醫護比配置	無特別要求	每 20 床長者配置 1 位護理師	每 15 床病患配置 1 位護理師	每 15 床病患配置 1 位護理師
24 小時值班	法規僅要求隨時保持 1 名值班人員	法規要求 24 小時都有護理師值班	法規要求 24 小時都有護理師值班	法規要求 24 小時都有護理師值班
費用	25,000 ～ 30,000 元	33,000 ～ 47,000 元	35,000 ～ 50,000 元	37,000 ～ 55,000 元

至二管也可服務，依房型約三萬五千到五萬元，需特殊照護者，耗材及費用另計。

護理之家因不限失能程度，收三管（氣切管、胃管、尿管）病人，收費項目包含病房費、一般膳食費、洗衣費、醫師診察費、護理費（一般性照護）、庶務費等，費用從三萬七千元起跳到五萬五千元都有，另還有三管管路照護費、特殊護理費（傷口照護、造瘻口護理、呼吸器照護）、氧氣費，以及如衛生紙、尿布、手套、濕紙巾等各類耗材，將依實際耗用計價，此部分需要詢問清楚。

而「失智照顧型」機構，以及設在護理之家、養護機構中的「失智專區」，因爲照顧人力較高，通常從四至五萬元起跳。以上所述幾種類型之收費標準，亦會受城鄉、地段影響，通常中、南部及東部收費會比大台北地區略低一〇到一五%。

如何避免糾紛？

一、**勿貪圖低價或佣金**：許多機構會以低價或抽佣方式，吸引醫護人員或入住者及家屬介紹客戶，所謂「羊毛出在羊身上」，機構爲了獲取利潤，便會將費用轉嫁在各式收費項目，或爲了降低成本，在環境維護或人員聘僱上打折扣，影響整體服務品質。當機構沒有永續經營的打算，一旦不堪虧損而倒閉，屆時除了金錢損失，還得爲另覓他處以及長輩適應問題傷透腦筋。

二、**善用定型化契約**：政府爲保障家屬及老人之權益，特訂有「安養定型化契約範本」（定有期限）、「養護定型化契約範本」（長期照護），且各縣市政府均要求機構使用定型化契約範本，所以簽約前可先查詢契約範本內容，並要求機構依契約範本內容簽約。

三、**問清楚收費標準**：在訂定契約時，可請機構清楚說明收費標準和收費項目，尤其比較容易引發糾紛的部分，如自費項目、保證金、急病儲備金、短期離院收退費問題等，以確保自己的權益。

四、**拒絕不合理項目**：若有業者要求家屬繳交政府未明文規定的範圍，例如加菜金或年節加收額外費用，家屬可以拒絕其要求。

五、**確認急救機制、流程與通報系統**：定期前往機構探視長輩，了解機構照顧方式與急救流程，若無法親自前往也要定期以電話詢問，關注長輩的健康情形，持續與機構保持良好溝通，避免突發狀況發生，自己卻完全被蒙在鼓裡。

至少每兩週探望長輩一次

爲了確保長輩的照顧品質，家屬應透過定期至機構探望老人家的機會，檢視機構的設施與服務，若無法每週前往探視，至少也要兩週去走動一次。

因爲對機構而言，家屬對長輩持續的關心，會成爲一種正向的監督：一方面讓管理或照顧者有一個固定的窗口，可以報告與溝通長輩的狀況，幫助家屬掌握病情變化，共同尋求解決問題的方法；一方面家屬可以適時觀察機構管理與服務上是否有異狀，例如，是否因約束過當造成長輩傷害或身心虐待？人力編制是否符合規定？機構占床率是否達一半以上？員工發薪是否正常？是否已有財務問題？餐飲服務、生活環境、安全設備是否合乎需求？以及同儕的相處是否融洽等，以向機構或主關機關反映要求改善。若發現有經營上的困難，則應審慎評估是否將長輩轉往其他機構，以免因人力與照顧品質大幅下降，增加長輩健康與安全上的風險，恐日後徒生事端與遺憾。

第 11 章

失智長輩的照顧方式

飲食：針對過量與拒食，採取不同策略

根據研究顯示，在失智者飲食問題中，「過量」與「拒食」是最令照顧者困擾的二大難題，且伴隨此行爲所引發的肥胖、慢性病及營養不良等健康問題，又會讓失智症退化加劇，因此，對於長輩的飲食規畫不可不慎。

失智初期，不會分辨可食或不可食，亦不知道自己有無吃飽、該吃多少，因此，常常看到食物就吃，爲免因飲食過量使得體重超重，甚至引發高血脂、高血壓、高血糖等慢性疾病，照顧者可透過重複提醒與引導，提供少量多

餐，定期監測體重之變化等方式協助。

失智中至晚期，則因不知道要進食，或餵食、吞嚥困難，長輩會呈現拒食、將食物塗在身上、不聽從照顧者的指令進食、到處潑灑食物等問題行爲來表現內心情緒之狀況，長此以往便會影響傷口癒合、降低肌力、產生疲憊感並增加感染的機率，此一階段除了得先排除拒食的生理、心理因素（如活動量過少、牙疼、便祕腹脹、憂鬱等），也可順著他喜歡的方式，聽喜歡的音樂或老歌，給他吃愛吃的東西。**在爲失智症患者準備飲食時，不要只拘泥在營養與熱量的計算，還是要思考究竟味道是否熟悉與可口**，因爲長輩雖然失智，對食物的感官認知還是存在，烹煮時要盡量保持食物的原味與口感，而非爲了省事，即使味道奇怪，也硬要長輩皺眉吞下。

當長輩進入重度失智階段，由於咀嚼與吞嚥功能大幅下滑，此時餵食必須要專心謹愼，除了配合呼吸與吞嚥的節奏，調整食物的量與速度，還得確認吞下才進行下一步，以免太過急切而嗆傷，提高吸入性肺炎或呼吸道阻塞窒息的風險。

大小便失禁：藉著引導與協助，排除障礙

雖然喪失近期記憶，但長輩面對自己大小便失禁的窘境，仍會感到不自在，所以當事情發生時，不妨一**邊協助更衣、處理汙穢物，若無其事地處理眼前的狀況，一邊以輕鬆的口吻予以安慰，降低他做錯事的罪惡感，以穩定長輩情緒**，避免衍生其他失控的精神行爲症狀。

關於長遠的解決之道，首先，得先從探究原因與建立規律作息著手，若發覺是由漏尿、滲尿或失禁等生理因素造成，便可透過治療改善，平日注意飲水量，養成定時排尿的習慣，並減少酒精與咖啡因等刺激性飲料，尤其避免在睡前飲用。

其次，由於長輩可能會忘記廁所的位置、忘記想上廁所身體會有的感覺與訊號，或不知如何以言語表達。因此，除了應排除影響長輩如廁動線的障礙，如家具或日常雜物、不好開的門等，注意在夜間的照明，在廁所門貼上顯而易見的文字或圖案，或以鮮豔的顏色區隔，保持廁所門是打開的狀態，提供長者穿脫方便的衣服，並掌握長輩想上廁所時的行爲訊號以便及時引導。

洗澡：先幫助長輩克服恐懼

洗澡看似簡單，卻是照顧失智長輩每天都得面對最頭痛的一件事，因為牽涉到患者生理、心理、個人生活經驗、隱私等複雜面向，例如因認知及記憶退化，不知道為什麼要洗澡，覺得冷或其他不適，或因精神行為症狀已有了錯認、誤用、幻覺、被迫害妄想等狀況，以及成長經驗中對水有負面記憶，或是害怕在「陌生人」前袒露身體，若照顧者急著催促，便會強化長輩的不愉快與威脅感，進而出現尖叫、抵制或打人等反抗行為。

要解決這每天都得遭遇的「艱鉅工程」，首先，家屬及照護者得花點時間，從不同面向探究長輩抗拒洗澡的原因，從而營造出讓長者安心去洗澡的情境，以貼近長者原來的生活習慣。若長輩為輕症階段，因忘記洗澡步驟，又礙於面子，照顧者可以試著誘導；若到了需協助的階段，為增加其安全感，最好由固定的照顧者執行並分階段進行，如先從泡腳開始，待其適應後再繼續往上，直到完全接受才協助清洗全身。

要讓洗澡過程順暢，除了要懂得察言觀色、抓對時機，並讓長者知道即將發生的事情，善用引導的技巧，邊洗邊聊天，分散其對洗澡的恐懼心理。此外，還得注意浴室內外的安全性，適時使用輔具協助，對無法站立的長輩改以洗澡椅坐著洗。

睡眠：協助長輩排除障礙

睡眠障礙是失智者常見的症狀之一，失智長輩會因焦慮、憂鬱、幻覺或妄想等精神症狀而影響入睡，形成白天嗜睡、日夜顛倒與睡眠時間不固定，以致常於夜間起床活動或夜間躁動，增加意外與走失的危險，也會干擾到家人或照顧者的作息。

因此，為了協助長輩排除可能的障礙，照顧者可以觀察及記錄平時起居，與醫護人員討論原因，並替長輩安排日間活動，以消耗過多的體力，並多走出戶外曬曬太陽，降低憂鬱的情緒。晚餐後則要控制飲水量，避免接觸咖啡、菸等刺激物，減少半夜上廁所或亢奮的頻率，且睡前切忌飲酒，酒雖會誘導入睡，但會造成睡眠片段化，並可能與藥物產生交互作用。

另外，在睡前透過一些固定的「儀式」引導，例如刷牙、上廁所、播放輕音樂、說故事或按摩等，以及強化其休息空間的「夜間情境」，包括阻絕如人聲、車聲等可能的音源、調整光線至柔和的亮度，保持舒適的溫度（約二十六度上下）等，皆有助塑造舒適且具安全感的入睡環境。若情況沒有改善，請醫師開幫助睡眠的藥物時，則可密切觀察使用藥物後的反應與副作用，回診時提供給醫師參考，以做爲調整藥物之依據。

妥善處理失智者的精神行為問題

在照顧的過程中，最讓人吃不消的莫過於當長輩出現精神行爲症狀（Behavioral and Psychological Symptoms of Dementia，BPSD），例如，出現被偷、被害、嫉妒或被遺棄的妄想症狀，產生幻覺、漫遊、重複問話、翻箱倒櫃、藏物囤積或出現一到日落就侷促不安的「黃昏症候群」等，讓家人心驚膽跳、疲於應付。

由於在任何階段這些症狀都可能出現，且時好時壞，因此家人或照顧者必須有心理準備，這會是一場避無可避的挑戰，只有正面迎接、做好充分準備，才能與之和平相處。

首先，家人必須用正確的心態去看待，試著理解病人的感受，理解這些行爲並非故意，而是失智症的一種面貌，與醫生共同尋求引發症狀背後眞正的原因，究竟是身體的警訊，還是心理上所累積的不安。

其次，若長輩出現激烈情緒時，應避免與之正面衝突，可以善用其「健忘」的特性，先投其所好轉移注意力，待情緒較緩和後，再找機會處理原來的問題。另外，關於漫遊，爲了確保長輩安全，諸如在大門裝設紅外線感應裝置提醒照顧者注意，或以愛心手鍊、GPS定位系統的裝置防止走失都是好方法。

欲改善藏物囤積、黃昏症候群等問題，在白天可多安排活動、遊戲，慢慢將其生活導向規律化，情緒也會隨之穩定，原本的狀況便可獲得緩和。至於是否可以借助藥物，醫師們普遍認爲，應先嘗試非藥物的治療方式，除非狀況惡化已危及患者自身安全及健康，才建議以藥物進行治療。

與失智長輩溝通的五個重點

一、**確認其注意力**：溝通前可以介紹自己並呼喚他的名字，幫助他認知彼此，確認他的注意力在自己身上，說話時盡量避免拐彎抹角，盡早將自己的意思講出來。當他嘗試表達時，可以報以微笑與點頭，若他有表達上的困難或注意力不集中時，可以試著提問：「你的意思是不是……」幫助他把想法說出來。

二、**簡單表達**：放慢說話速度，降低說話的音調，一次只說一件事，盡量簡短清楚，並多用手勢、圖片輔助，將開放式提問如「你想吃什麼？」適時調整爲選擇式提問「要吃麵還是吃飯？」，並給他足夠時間反應。

三、**保持患者好心情**：說話時面對面，眼睛平視長輩，可以請他協助一些簡單的事，並給予鼓勵與肯定，多說「你可以……」，少說「你不可以……」，並適時給予支持與讚美，促發成就感以減緩退化。

四、**避免正面衝突**：切忌一直追問「你記不記得……」，或拉高音量、用對小孩的方式跟他說話、表現憐憫之意，以及隨意改變稱呼，催促、責罵、跟他爭辯等，也會使生氣的情緒不斷累積，讓長輩不願意配合，徒增照顧者的困擾。

五、**交流溝通經驗**：因患者症狀會逐漸惡化，爲了能有效溝通，還是得依照長輩的個別特性與狀況的改變調整溝通方式，並透過社團與其他照顧者交換經驗，提升溝通技巧，進而改善或解決長輩的問題。

PART
3
當爸媽判斷能力不足

第12章

善用成年監護與輔助宣告制度

聲請監護、輔助宣告，保護長輩財產及權益

由於對金錢、財產失去辨識與處理能力，罹患失智、心智障礙、精神障礙的長輩常會不自覺揮霍財物，或遭有心人士覬覦，以騙婚、誘拐簽訂借貸、處分房地產，充當人頭戶辦理信用卡、金融卡等方式榨取積蓄，在照護亟需用錢的階段，又無辜蒙受損失，屆時處境將如雪上加霜。就法律的概念，一個成年人在還沒受監護或輔助宣告前，都會被推定爲其具有行爲能力，儘管因障礙、疾病導致做出不利自己的決定，原則上自己仍要爲此負責。

因此，為了保護長輩的財產，**家屬可以依心智障礙、精神疾病及失智的輕重程度，向長輩戶籍所在地的法院聲請監護、輔助宣告**，如果聲請法院准許後，一旦事情發生時，就長輩所為的法律行為，才有機會與選擇權，代長輩表達是否為思慮不足的法律行為，藉此保護長輩的權益。例如，若失智長輩遭詐騙集團誘騙向銀行申辦人頭帳戶，若已經監護宣告者，視為無行為能力，一切行為不具法律效力。而為輔助宣告者，若輔助人不承認，則該帳戶無效。

需提醒的是，在監護或輔助宣告聲請期間，避免長輩在法律空窗期橫生事端，家屬可以行文到金融機關與戶政事務所，請求協助若失智長者有大額交易行為或欲辦理結婚登記，應盡快通知家屬，藉此阻絕可能的詐財事件發生。

如何聲請法定監護、輔助宣告？

包括本人、配偶、四親等內之親屬、最近一年有同居事實的其他親屬、檢察官、直轄市、縣（市）政府或社會福利機構，都可向長輩戶籍所在地的法院提出聲請。關於聲請程序，「監護宣告」需備妥受監護長輩、聲請人、擬擔任監護人

圖十三、監護與輔助宣告制度

	監護宣告	輔助宣告
聲請條件	因為精神障礙或心智缺陷，無法與他人溝通，或不了解他人的意思	因為精神障礙或心智缺陷，造成與他人溝通或理解他人表達的意思的能力較低，有時需要他人的協助
監護／輔助人協助程度	全部法律行為都需要由監護人代行	跟重大法律行為有關或法院指定之特定行為，需要由輔助人事前或事後同意
沒有得到監護或輔助人同意的法律效果	無效	效力未定

（可複數）、擬擔任會同開具財產清冊人的私章、戶籍謄本各一份（監護人與會同人不得爲同一人），以及醫生診斷證明或殘障手冊影本（法院仍須調查鑑定，其費用由聲請人繳納）。

「輔助宣告」包括受輔助的長輩、聲請人、擬擔任輔助人（可複數）所需準備的文件則與「監護宣告」相同，只是「輔助宣告」無須會同開具財產清冊人。

聲請後，法院會安排鑑定時間，以受監護或輔助宣告長輩所在的醫院，或由聲請人陪同至指定醫院，依通知繳納鑑定費用並配合鑑定。若符合全癱無法自行下床、需二十四小時使用呼吸器或維生設備、長期重度昏迷，或其他特殊困難，經所在地直轄市、縣（市）衛生主管機關公告者，則可向法院聲請到宅鑑定，以上程序到裁定下來，至少需約三至五個月。

法定監護人與輔助人之任務

在監護宣告聲請流程，法院會在**配偶、四親等內親屬、最近一年有同居事實的其他親屬、主管機關、社會福利機構或其他適當的人選中，選定一人或數人為「監護人」**。一旦被法院指定為「監護人」，便等同是受監護人的法定代理人，需以符合受監護人的利益為前提，協助管理財產，包括不動產、戶籍、一般財務管理、生活照顧、福利服務，以及遺產管理等。

其中，監護人除了購買法律規定範圍內的公債、國庫券、儲蓄券、債券、定期存單等外，不得拿受監護人的財產進行投資（但如宣告受監護前，受監護人已有的持續性投資行為的持續扣款，且已列在財產清單上，基本上不在此限，但是如果該投資已不符合受監護人的利益，監護人仍可依法通知終止）；且代理受監護人購買或處分不動產、出租或終止租賃其居住的建築物時，必須取得法院許可才有效。另外，照顧其生活、照護、醫療或管理財產時，必須尊重受監護人的意願，並考量其身心狀態與生活狀況。

關於「輔助人」部分，由於受輔助宣告之人類似法律上的「限制行為能力人」，可從事部分有效的法律行為，其餘則由輔助人代理決定，這包括：擔任公司負責人、借錢與開戶、保證或贈與或信託、進行訴訟與處理官司、買賣不動產與汽車或重要財產、設定抵押權、出租或承租、拋棄繼承、分割遺產、遺贈等。

如何變更與撤銷法定監護、輔助宣告？

有關變更宣告的部分，若長輩的情況好轉，想**將原本的監護宣告變更為輔助宣告**，可由本人、配偶、四親等內之親屬、最近一年有同居事實之其他親屬、檢察官、主管機關或社會福利機構，**向法院提出「變更監護宣告為輔助宣告」聲請**，再由法官裁定。反之，**若長輩病況加劇，想將輔助宣告變更為監護宣告，亦**

可向法院提出「變更輔助宣告為監護宣告」聲請。

另關於撤銷的部分，若是認為受監護或輔助者，並未達應為監護或輔助宣告的程度，卻被法院裁定為監護或輔助宣告，可在知道受監護或輔助宣告時起算三十日內，向法院提起撤銷之訴；或是當受監護或輔助宣告的原因消滅，例如精神症狀已獲得改善，可寫聲請狀提出原因消滅的證據，向受監護或受輔助者住所地的法院，聲請撤銷其宣告。

而關於撤銷之訴或聲請撤銷監護裁定，有權提出之人除了監護人外，前述的受監護本人及其他如配偶、四親等內之親屬、最近一年有同居事實之其他親屬、檢察官、主管機關或社會福利機構等利害關係人，都可提出。而屆時撤銷確定後，即可持法院裁定，向戶政事務所辦理撤銷監護或輔助宣告登記，而法院也會依職權囑託戶政機關登記。

意定監護新制，讓長輩自己可以先指定監護人

民法的成年監護制度，原只有「法定監護」一種，是當成年人的意思能力喪

失或明顯不足後，由法院選定監護人或輔助人，但未必能符合當事人的意願。爲補充法定監護制度的不足，在二〇一九年實施的「意定監護」新制，進一步允許成年人採委任契約的概念，預先選任自己的監護人，以防自己未來因失能、失智而受監護宣告時，無法對監護人的人選表達意願。

此一新制所立的契約，是等到委任人受監護宣告才發生效力，監護人不受親（等）屬關係限制，可以是朋友、工作夥伴等，只要長輩同意且符合監護人資格即可，人數也不受限，可依分工從一人到數人，且效力優先於法定監護，屆時法院進行監護宣告時，會尊重長輩的意願，由意定監護契約的受任人擔任監護人。

意定監護契約必須公證，且可隨時撤回

意定監護契約的訂立或變更，必須由長輩本人及受任人一起親自到場，向公證人表明契約的合意，並由公證人作成公證書，意定監護契約才算成立，如前所述，當長輩受監護宣告時，此一公證後的契約方能生效。

因此，意定監護契約訂立後，當事人任一方在法院做出監護宣告前，都可

以隨時撤回已成立而尚未生效的監護宣告契約，但要撤回的人也要親自到場向公證人表明要撤回意定監護契約，撤回才會生效。另外，如果有前後兩份意定監護契約，內容有互相牴觸的話，視爲本人撤回之前的意定監護契約。

意定監護執行代理職務，不須經過法院許可

相較法定監護制度，監護人若要代理長輩購置或處分不動產、出租長輩居住的建築物或基地，都須經過法院的許可，意定監護因屬長輩與受任人的事先約定，爲貫徹尊重本人意思自主的初衷，則排除前述規定，在執行監護職務時，不再需要經法院許可。

意定監護人因故無法執行任務，改為法定監護由法院指派

意定監護制度依照契約，原則上優先法定監護，兩者無法併存共用，但當受任人無法勝任或行爲不利於長輩，明顯不適任的時候，則可由意定監護轉換至法

定監護，人選由法院指定補足。

以意定監護人有多人時爲例，平日大家依約就長輩生活、治療養護及財產管理等事項各司其職，若其中有人無法執行職務時，則回歸法定監護，聲請權人可以聲請法院另行增選或改定監護人，其餘意定監護受任人仍可依契約繼續執行事務。

意定監護受任人能代為執行遺囑或表達醫療決定嗎？

意定監護受任人VS.遺囑執行人

比較意定監護受任人及遺囑執行人的差異，意定監護受任人是依長輩意願事先指定，協助其代爲管理失能、失智後「生存期間」的生活、醫療與財產事務；遺囑執行人則待長輩「過世後」遺囑生效時，以執行遺囑爲其職務，兩者執行的期間不同，不能互相代爲執行。

不過，若長輩希望能將兩者列爲同一人，只要其符合監護人資格——成年且具備完全行爲能力，排除受破產宣告尚未復權、失蹤或受監護或輔助宣告尚未撤銷者皆可擔任，因此，像是同居人、閨蜜或好友等自己最信任的人，都可以代爲貫徹長輩的意志，排除失能、失智或過世後可能引發的爭議。

意定監護受任人及遺囑執行人為同一人的好處，在於意定監護受任人若能掌握遺囑的要旨，便能就整體的資產規畫，控管監護期間的支出，避免作出牴觸遺囑的財產處分，產生額外的財產損失，確保遺囑效力，有助兩者順利執行。

意定監護受任人VS.醫療委任代理人

意定監護人與醫療委任代理人的權限範圍相同處，在於皆可代理病人聽取醫療團隊告知治療方針、代理病人簽署手術、侵入性檢查或治療同意書，差別在於意定監護人僅能協助一般「非重大」疾病的護養療治，而醫療委任代理人則可根據長輩預立醫療決定（如病程末期時拒絕維持生命治療），代理長輩向醫療團隊表達期待的醫療方式。

因此，若希望其扮演長輩信任的監護人角色，又能貫徹長輩的醫療決定，不妨將意定監護受任人及醫療委任代理人設為同一人（或數人），但需要留意醫療委任代理人的限制資格，在長輩的繼承人（如配偶、子女）之外，若有人會因為長輩過世而獲得贈予（錢財、器官），就不能擔任醫療委任代理人。

圖十四、醫療委任代理人 VS. 意定監護人

	醫療委任代理人	意定監護人
適用情況	1. 末期病人。 2. 處於不可逆轉之昏迷狀況。 3. 永久植物人狀態。 4. 極重度失智。 5. 其他中央主管機關公告之疾病情形。	經鑑定失去識別能力。
選任方式	醫療委任代理人委任書。	意定監護委任契約。
權限範圍	1. 代理病人聽取醫療告知。 2. 代理病人簽署手術、侵入性檢查或治療之同意書。 3. 根據「預立醫療決定書」的內容，代理病人表達意願。	1. 代理病人聽取醫療告知 2. 代理病人簽署手術、侵入性檢查或治療之同意書 3. 協助一般非重大疾病的護養療治。
法律依據	《病人自主權利法》	《民法》
意義	根據病人預先表示的意志，代為傳達病人自己的醫療決定。	以監護人身分，根據病人最佳利益，替病人決定醫療行為。

PART

4

防患未然，老當益壯

第 13 章

預防失智症的方法

失智症遺傳檢測，防患未然

一般以爲失智症僅發生在老人身上，爲自然老化現象，但國內醫療機構曾透過基因檢測及遺傳諮詢，證實**家族中若有人罹患早發型失智症，其他家族成員經篩檢發現身上帶有此遺傳基因，未來必然逃不過失智的威脅，且還可能提前在中年發病**。確認未帶此基因者也未必能全然脫身，有統計指出，**一旦年過六十五歲，罹患失智症的機率是一般人的三·五倍**。

另外，也有失智相關基因的研究顯示，若身體帶有一個與腦中風、心臟病、高血脂症有關的載脂蛋白基因

ApoE ε 4，罹患失智症的風險就會增加三至四倍，帶有兩個載脂蛋白基因，則提高到十倍以上。因此，為了解自己是否為失智的高危險群，到底該不該做遺傳檢測？多大年紀做才有意義？事實上，做或不做攸關的不只是健康，還牽涉到倫理問題，對於未成年子女，醫界皆建議等成年後再自行決定，且決定前一定要有完整諮詢，了解檢測的強度、預測性及結果代表的意義，進而做好預防的準備，而非自此天天擔心，弄到身體沒病，心卻生病了。

地中海飲食好處多

地中海飲食的概念，是以金字塔的結構，區分食物的種類與食用的頻率，強調食物適量、簡單、清淡卻富含營養即可。這源自於環地中海地區及國家的傳統飲食形態，被營養學界認為能有效預防心血管疾病，以及中風、阿茲海默症等腦部病變的發生率。

金字塔的最底層，強調的是保持足夠的身體活動，和愉快的用餐氣氛。

往上一層，也就是**第一階，是每餐皆不可或缺的食物，包括蔬果、穀類、橄**

欖油、豆類、核果、種子、香草植物等，不僅是維生素、膳食纖維的來源，亦具抗氧化作用，可防止體內壞膽固醇累積。

第二階爲魚類和海產，每星期至少吃兩次。

第三階是家禽、蛋類和乳製品，每天一次到每星期一次皆可，但記得適量。

而**最頂端，包括紅肉（豬肉、牛肉）和甜點**，則僅能偶爾才吃，如此，即使攝取同樣熱量，也不會有罹患心血管疾病及癌症的風險。

金字塔的左邊則提醒平日要多喝水，每天佐餐之餘可喝適量的紅酒，能預防動脈硬化。

綜而言之，地中海飲食對人體的好處，不僅能避免三高，增強抗氧化及抗發炎能力，還能增強眼部健康，預防老化性視網膜黃斑區病變，若再加上規律運動、不抽菸，更能讓心臟及心血管保持健康，遠離失智的威脅！

吃對營養素

一、**多吃抗氧化食物**：天然的抗氧化劑包括維生素C、維生素E及銅、鐵、硒元素。還有天然蔬果中存在的植化素，像是β胡蘿蔔素、茄紅素、兒茶素、原花青素、花青素、白藜蘆醇等。因此，可以從黃綠素蔬菜如花椰菜，番石榴、奇異果、葡萄柚、柳橙等蔬果，或番茄、洋蔥、葡萄、堅果、藍莓、甜椒、綠茶、大蒜等號稱「八大抗氧化食物」中攝取。

二、**補充足夠的維生素B群**：糙米、全穀類、深綠色蔬菜、黃豆芽、洋菇、甜椒、包心白菜、南瓜或毛豆等蘊含葉酸、維生素B1、B2、B6、B12等營養素，可避免血中同半胱胺酸過高，降低中風危險性，進而降低「血管性失智」的發生。

三、**多吃薑黃素**：咖哩中所含的薑黃，具有抗氧化功能，除了可以延緩老化，具有預防失智症的作用，亦可以抑制不正常細胞（例如癌細胞）生長。

四、**增加深海魚油攝取**：有研究指出缺乏omega-3不飽和脂肪酸與罹患阿茲海默症有關，因此建議平日飲食中肉類的來源，盡量從魚類獲取。

提早服用失智藥物，無法預防失智

一定很多人心裡會想，如果提早服用治療失智的藥物，能不能達到預防失智的效果?事實上，提早服用並無預防效用，因爲在阿茲海默症的治療上，多以愛憶欣（Aricept）以及憶思能（Exelon）這兩種藥物爲主，藉以幫助患者減緩認知功能退化的速度。然而，這兩種藥並非所有失智患者皆一體適用，只有輕度及中度的阿茲海默症患者有效，且據國外研究顯示，針對疑似阿茲海默症的病人，提早服用此類藥物並無明顯治癒的效用，一旦確認爲輕、中度的失智，用藥大多可以維持一至兩年，便又會退化到重度，證明用藥只是延緩退化的速度而已。

因此，**提早服用失智藥物並無助於預防罹病**，但在延緩失智的初期黃金時間，若能及早發現、有效治療，往往能延長正常生活的期限，讓自己有更多機會享受與家人共度的時光，並爲失智嚴重之際做好長遠準備，屆時或許相關研究更上一層樓，有更好療效的新藥問世，還能繼續好好生活。

藉由學習療法刺激大腦

想要改善失智患者在精神行爲的症狀，除了透過藥物治療，還可藉由以下非藥物的學習療法刺激大腦，減緩認知功能的退化，改善社交行爲，增加信心、自尊，緩解憂鬱、遊走及躁動行爲，減輕主要照顧者負荷：

一、**認知訓練**：又稱「智能復健」，是以輔助教具、日常生活器具或其他自製器材、海報等，以刺激感官、現實導向爲活動設計，幫助長輩動動腦。

二、**懷舊治療**：透過團體治療方式，以有形的物件如老照片、舊家具或熟知的音樂及語音檔案，引導長輩有組織地回想及發言，討論並分享過往經驗。

三、**音樂治療與芳香療法**：音樂治療是以音樂爲媒介，設計一系列活動，例如以簡單的樂器、歌詞解說等方法，提供長輩正向刺激。芳香療法是藉植物性精油的氣味分子，刺激大腦掌管情緒、動機、學習和記憶的邊緣系統，並與過去記憶的氣味連結。

四、**藝術治療與動物輔助治療**：藝術治療是利用繪畫、拼貼、雕塑等方法及情境引導，讓失智長輩結合生活經驗、心境進行藝術創作，並相互協助、陳述與分享。動物治療則藉由人與動物（例如貓狗）互動，增進長輩舒適、獲得支持、獨立、愉悅等正向情緒。

五、**運動治療**：規律從事有氧運動（散步、騎腳踏車、爬樓梯、游泳等）、重量訓練、平衡訓練（太極拳、外丹功、瑜伽）等，經臨床證實能夠明顯改善失智及情緒的症狀。

六、**園藝治療與光線治療**：透過園藝治療的播種、移盆、收成等課程，長輩下肢肌力、心肺耐力、手指抓握精細度、走路步態穩定及身體敏捷性均大幅改善，且憂鬱程度降低。光線治療則是藉光線儀的照射，調整長輩的生理時鐘，達到晝夜節律平衡。

勤運動，有助維持良好認知功能

勤運動能讓頭腦清楚，又能延緩認知功能衰退。首先，根據一項動物實驗指出，勤於運動的動物，其專司記憶與空間定位的海馬迴細胞增生能力較強。其次，以流行病學的長期追蹤研究，發現認知功能減退的比例與平日的活動量有關，比起不愛運動的人，從事大量體能活動的人認知功能減退的比例明顯少了三八%，從事低和中等活動者認知功能減退的比例則少了三五%。而臨床試驗亦發現，上了年紀的人，只要每星期三次、每次四十分鐘，經過一年的走路訓練後，腦部額、顳葉的功能性連結明顯增強，且執行能力也進步。

因此，專家建議**「每週三天、每天快走三十分鐘」**是最經濟、效果最好的處方，此外，還可以透過健走、騎踩腳踏車、游泳、太極拳或舞蹈等有氧運動來訓練心肺功能、改善耐力，或是以伸展運動、瑜伽、韻律、太極、平衡球、游泳等運動，保持及改善肌肉關節活動能力，減少跌倒的發生，抑或以上下肢徒手或拿沙袋或水瓶反覆臂屈伸，或在床上做抬腿運動，增進肌力與肌耐力、幫助平衡感、減緩骨質流失。

特別要提醒的是，銀髮族運動時應以「安全運動」爲最高指導原則，若本身有骨質疏鬆問題，或心血管疾病家族史、抽菸、高血壓、高膽固醇、糖尿病、肥胖、極度缺乏運動等危險因子時，想從事中度以上強度的運動前，最好能先尋求專業評估，才能動得愉快又安全。

即使獨居，也要多參加社交活動

根據衛福部所做的失智症流行病學調查，在眾多失智症保護因子之中，「有生活伴侶」與「社交網絡」皆名列榜上，亦有研究顯示，多參與社交活動或與配偶、伴侶或家人同住，約可下降四至五成罹患失智症的風險；終身獨居、離婚或中年喪偶後未再嫁娶的人，罹患失智症的機率是有伴侶的二至三倍。

究其原因，不外乎有另一半或家人爲伴，在平日互動上爲了生活的和諧，彼此之間會試著因應與調整，相互關懷與照應，如此便會刺激大腦的運作，減少認知功能退化的機會。反之，若是始終獨來獨往，或因婚姻失敗選擇獨居，與家人失和互不往來，加上缺乏正面思考的習慣，少有人際往來的刺激，長期的疏離和寂寞感，便會成為失智症的危險因子。而喪偶又獨居的人，若擺脫不了悲慟與憂鬱，一旦時間過長，可能會造成腦部荷爾蒙可體松過量釋出，破壞海馬迴等區域腦細胞之間精密的連結，使得罹患失智症的機率大增。

因此，為了促進腦部認知功能活絡，擁有生活伴侶、保持社交網絡會是一個好方法；對於選擇獨居者而言，只要保持社會參與、多和人群接觸，無論是當志工、參與宗教活動、公益社團、社區活動等，只要擁有樂觀與活力，就可以降低罹患失智症的可能性。

減少對大腦的傷害

一、**避免頭部外傷**：頭部外傷是阿茲海默症危險因子之一，根據調查，腦部曾經受到重創的人罹患阿茲海默症的風險是一般人的四倍以上。尤其，對六十五歲以上的長者而言，因年事漸高，腦部變得脆弱，即使只是受到輕微創傷，都會增加失智的風險。

二、**防範中風發生**：中風的副作用不只是肢體的麻木和無力，根據臨床研究，約有二〇％～四〇％的病人在中風之後五年內便會失智，因大腦動脈阻塞面積過大或阻塞到重要的位置，也有案例顯示第一次中風後即引發失智。

三、**遠離酒精與菸癮的傷害**：長期酗酒除了會對消化系統、肝臟、胰臟和股骨產生傷害，亦會對神經系統及腦部帶來不可逆的退行性病變；而吸菸成癮則會提高罹癌和心肌梗塞的風險。

四、**別讓慢性壓力上身**：長時間處於慢性壓力，又沒有適當排解，很容易就會引起免疫力下降，身體便會產生發炎反應，而大腦也會受到波及，大腦負責記憶、調節情緒的海馬迴神經細胞就容易萎縮、進而罹患憂鬱症、焦慮症，成爲失智症的高危險群。

五、**避免服用抗膽鹼能類藥物**：根據美國一項研究指出，長期服用治療失眠、過敏、憂鬱的抗膽鹼能類藥物，易對神經傳導物產生障礙，導致注意力變差、記憶障礙，進而增加罹患失智的風險，因此用藥時最好能與醫師討論避免使用此類藥物。

改掉不良生活習慣，避免「三高」上身

依據衛生福利部國民健康署「高血壓」「高血糖」「高血脂」追蹤調查研究指出，台灣六十五歲以上人口的高血壓盛行率高達六成，高血糖盛行率也達二一．四％，意味平均每五人就有三人有高血壓，一人有血糖過高問題。

由於長期的高血壓、高血脂、高血糖會導致大腦動脈血管粥狀硬化，動脈粥狀硬化最可怕之處，在於動脈硬化初期是完全無症狀的，一旦出現症狀，例如腦中風或心肌梗塞，往往會讓人措手不及且經常導致病患嚴重失能。其中，在失智類型中居於后座的血管性失智症，即爲腦部血管阻塞不通，或血管破裂造成腦部組織受損導致中風，傷害到大腦認知功能的區域所引發。

國際失智症協會與多位失智症專家共同完成的「二〇一四年全球失智症報告」中指出，控制糖尿病、高血壓、戒菸以及避免心血管疾病，都有助於降低罹

患失智症的風險。老化是每個人必經過程，但不是每個人都會有慢性病或失智症，因此，改善肥胖、抽菸、喝酒等不良生活習慣，控制高血壓、高血脂、高血糖的「三高」問題，多運動、多參與社會活動，才能真正遠離失智症的威脅。

第 14 章

認識老年精神疾病

老人失眠背後原因複雜

台灣失眠人口不斷攀升，尤以老年人口最爲嚴重，根據台灣睡眠醫學會調查，六十五歲以上的人口，有高達五成的人有失眠經驗，平均**每二人就有一人每週至少一次有失眠困擾**。儘管如此，刻板印象總會認爲老人本來睡眠就少，忽略了失眠背後隱藏的身心狀況，因而常常錯失治癒先機。

老人家白天頻頻打瞌睡，代表夜間睡眠不夠或品質不好，探究原因，除了跟老化、荷爾蒙改變，使得深度睡眠比例降低，夜晚變得淺眠、易醒，還可能是生理疾病所致，像是胃食道逆流、腦中風、退化性神經疾病、慢性阻塞性肺疾病、充血性心臟病，而罹患癌症、關節炎、洗腎、攝護腺肥大或使用利尿劑的長輩，也都容易在夜間驚醒。

另外，有些人入睡後容易打鼾，時有短暫呼吸中止現象，可能是因爲上呼吸道某部分較狹窄，或因爲腦部睡眠中樞退化所引發的「睡眠中止症候群」，而憂鬱症、焦慮症、失智症等精神疾病患者亦常有睡眠障礙，其中，失智老人因爲控制生理時鐘節律性的腦組織及睡眠中樞發生病變或退化，造成生理時鐘混亂，產生睡眠週期日夜顚倒，白天睡覺晚上清醒的情形，或每天睡眠清醒的時間不規律，生活作息和社交活動均受到很大的影響。

幫助長輩入眠的方法

治療老人失眠，必須回溯源頭找出眞正病因，因爲失眠常常只是一種表象，而不是疾病本身，如果只針對失眠的症狀治療，不僅無法探知實情、根治疾病，對肝腎功能異常或正接受多重藥物治療的長輩，還可能因不當使用鎭靜、安眠藥物使得疾病惡化。

若有失眠卻不加以治療，不但會使長輩體力負荷減弱，長期精神不繼也會增加日常生活中的危險。積極找尋導致失眠原因，在治療的同時，可以善用以下方法幫助入眠，提高睡眠品質：

一、**白天避免睡太久**：建議白天盡可能到戶外走動、曬曬太陽，避免待在家裡看電視、打瞌睡，若中午要午睡應限制在三十分鐘內，以免睡太多導致夜晚睡不著。

二、**排除生理的干擾**：若有夜晚淺眠、半夜易醒的困擾，可以在傍晚外出散步增加運動量，以延後生理時鐘。老人家因膀胱較無力，晚上應減少喝水量，並且禁絕咖啡、茶等提神飲料，至於喝酒助眠一開始有效，但長期飲用會有早醒和宿醉頭痛的副作用，若同時與安眠藥服用則會產生危險。

三、**尋求專業協助與治療**：因身體不適、疼痛或因藥物副作用導致難入睡，建議帶著目前服藥的藥物及完整病史到家庭醫學科、老年醫學科或精神科門診接受完整的評估與治療。若擔心無法入睡而過度焦慮時，則可到睡眠醫學中心找專業、合格的臨床醫師、心理師尋求協助。

長輩出現妄想症狀，務必及早就醫

一、**被害妄想**：是老年妄想症中最常出現的症狀，典型的特徵是無緣無故懷疑別人要害自己，整天疑神疑鬼，不敢外出、不吃不喝或是不能入睡，當長期持續類似的精神狀態，代表長輩可能已經罹患失智症、譫妄症、老年期精神病或嚴重的憂鬱症。

二、**嫉妒妄想**：典型的特徵是懷疑配偶有外遇，並常強迫配偶承認或說出外遇對象之名字，嚴重者還會對配偶出現攻擊行爲。會出現「嫉妒妄想」的疾病有失智症、酒癮症、帕金森氏症，其中，有些帕金森氏症患者在服用治療顫抖的藥物後，會導致「嫉妒妄想」更加嚴重。

三、**被偷妄想**：此爲失智中期常見的併發症，因認知功能障礙所產生的補償作用，一旦忘記東西放在何處，無法理解是自己記憶力喪失，就會轉而懷疑是他人偷竊。

四、**錯認、被遺棄妄想**：失智症患者中後期常會出現錯認不存在的人在屋裡、錯認不是住在自己家等的「錯認妄想」，以及認爲家人會丟下自己不管，而合併有憂鬱症狀出現的「被遺棄妄想」。

五、**自責妄想**：是老人憂鬱症的警訊，當老人家怎麼勸都勸不來，一直過度認定自己「拖累家人」「對不起兒孫」，凡事都帶著強烈「罪惡感」，若沒有及時就醫治療，常會引發老人家「一走了之」，爲家人帶來自責與遺憾。

若家中長輩出現上述妄想症狀，務必及早就醫。治療方式多以抗精神病藥物投以口服或注射治療，一旦急性妄想症狀消失後，出院後仍需回診觀察與治療以避免復發。

渾身痛，原來是憂鬱症

若長輩常有眩暈、耳鳴、胸悶、胃腸不適、泌尿或全身酸痛的問題，白天不想出門只想躺床休息，晚上又抱怨睡不著，看了醫生又查不出病因，別以為他們只是無病呻吟，事實上，可能是老年憂鬱症上身了。因長輩不擅表達情緒困擾，當有憂鬱傾向久未察覺，長期便會出現精神萎靡以及渾身痛的身體症狀。

許多人不解爲何爸媽退休了，少了工作壓力，卻還會罹患憂鬱症，究其原因，**「老年」憂鬱症不是壓力導致，而是疾病與腦部退化所引起**，包括肺癌、胰臟癌、感染性疾病，以及帕金森氏症等退化性疾病，而過去有焦慮、輕度憂鬱、失眠等病史的老人，也容易得老年憂鬱症。另外，由於老年期勢必會面臨健康、退休、空巢、喪偶、家人朋友去世等一連串的失落，稍不注意都可能成爲壓垮駱駝的最後一根稻草。

老人憂鬱症是多種原因合併造成的，所以除了用藥物治療腦病變以外，也需要配合心理方面的治療，兩者不可或缺。根據統計，八成以上的患者在治療後都能好轉甚至完全康復。但若放任憂鬱症不管，不僅記性會變差，加重原本的慢性疾病，還會惡化成重度憂鬱導致長期臥床，進而引發褥瘡、失能等併發症，甚而演變成失智，或帶來強烈的自殺意圖。

了解用藥安全，避免引發急性精神障礙

由於老年人對藥物副作用較敏感，且常因治療慢性病需服用多種藥物，若加上不正確的用藥習慣，一旦服用過量、發生藥物交互作用或因藥物代謝不佳，便會引起一些急性的情緒或精神障礙。

例如，抗帕金森氏症藥物、三環類抗鬱劑如鹽酸伊米胺（imipramine）、消化道潰瘍用藥代表藥物泰胃美（Tagmet），及泌尿科用藥如膀胱鬆弛劑奥昔布寧（oxybutynin）等，容易引起譫妄症及抗膽鹼症候群，產生口乾、皮膚及眼睛乾、心悸、幻覺、躁動不安等症狀。而副腎皮質荷爾蒙劑普力多寧錠劑（prednisolone）、支氣管擴張劑茶鹼（theophylline）、強心劑藥物毛地黃（digoxin）、抗血小板藥物二吡待摩（dipyridamole），以及心血管用藥甲巰丙脯酸（captopri）等，則可能使病人意識惡化或出現精神病症。

爲避免家中長輩因不了解藥物屬性而濫用，家人除了要注意長輩服藥後的精神狀態，是否曾暈倒、意識不清或有其他不良藥物反應，更應將長輩服用的藥物帶到門診，協助醫師掌握其正確的用藥史，以保障其健康。

第 15 章

預防肌力衰退

七十歲的肌肉量，只有二十歲的一半

老化的過程中，許多人會把注意力放在如何延緩器官功能退化的保養上，卻忽略肌肉量流失的速度，事實上亦不亞於器官功能退化的程度。

根據研究報告指出，**一旦年過三十大關，大部分人的肌肉量就會以每年一%~二%的速度逐年下降**。過了六十歲之後，下肢大肌群的肌肉流失更快，以此計算，從二十歲到七十歲期間，有一半的肌肉會無聲無息地喪失。若加上蛋白質攝取不足、懶得動，或因生病活動量減低，更會加速肌肉量的減少，進而出現走不動、提不動菜籃、全身軟趴趴等肌肉無力的「肌少症」（sarcopenia）徵兆。

根據國家衛生研究院群體健康研究院、台灣老年醫學會調查推估，國內六十五歲以上老人約有三．九％至七．三％，也就是相當於十萬至十九萬老人深受「肌少症」之苦。由於「肌少症」是一種症候群，指的是骨骼肌流失、肌力或肌耐力下降，若老人家體型逐漸瘦弱，四肢變得纖細，多半會警覺到是不是罹患了「肌少症」，但對於體重、體型變化不大的長輩，卻可能深陷「肌少症」的威脅而不自知。

因為年紀增長，即使體重不變，身體組成也會逐漸改變，「肌少型肥胖」便是身體脂肪比率增加，肌肉卻出現質和量減少的效應，若不加以注意，便會形成活動量下降堆積脂肪，脂肪又釋放發炎物質影響內分泌，使得肌肉持續流失的惡性循環。

保有肌力，可根本解決健康危機

不只年輕小伙子需要練肌肉，銀髮族更須把肌力訓練認眞當一回事。維持肌肉強度、改善肌肉功能，除了能夠讓手腳靈活，延長趴趴走的年限，對於整體健康而言，還有以下重要影響：

一、**保護骨頭、關節**：肌肉能直接保護骨頭、關節，好的肌力，可以提供關節穩固的支撐，以分攤壓力。增加肩部的肌肉力量，可預防肩肌炎；強化頸部、腰部的肌肉訓練，可以增強腰背的穩定性，有效預防頸椎、腰背、腰椎方面的疾病；增加腿部力量，可預防膝關節炎，使反應更靈敏，避免跌倒。

二、**遠離三高**：肌肉是代謝體內脂肪與糖的重要組織，透過肌力訓練可以提高肌肉質量，當肌肉質量愈高代謝能力就愈強，自然就能遠離三高。

三、**預防骨質疏鬆**：透過運動與肌力訓練，因骨骼受力與全身血液循環加快，骨骼生長因子代謝活躍，便會增加骨質密度，且骨骼通過血流得到充足的營養物和礦物質，也能減緩骨骼的衰老速度。

四、**減少心臟負擔**：肌肉愈發達，收縮愈有力，便可促使靜脈血液回流至心臟，提高血液循環，促進新陳代謝，成爲心臟的好幫手。反之，一旦肌肉衰弱，加上血管彈性不足，必然會增加心臟負荷，成爲誘發心血管疾病的「幫凶」。

女性比男性更需要進行肌肉訓練

日本運動生理學專家，目前擔任鹿屋體育大學校長的福永哲夫曾指出，男女肌肉量衰減程度，一到五十歲便有了明顯差別，其中，男性大約減少三分之一，女性減少約一半，同時肌肉力量也隨之衰退。

究其原因，包括基因、荷爾蒙、身體組成比例、運動習慣以及飲食習慣等眾多因素，都會使得女性肌肉減少速度比男性還要快，由於肌肉和骨骼之間相輔相成，婦女天生骨架、骨質量少於男性，加上更年期後，雌激素分泌停止，吸收鈣質能力減弱，骨質流失速率加快，使得「肌少症」與「骨質疏鬆症」相互影響且併行發生，提高了骨折與臥床的風險。

各種肌肉伸展、舉重等訓練肌肉之運動，皆爲阻抗運動，許多女性害怕因此練出一身健壯的肌肉，事實上，這種運動主要是增進肌肉強度及肌耐力，提升使用肌肉的能力，只要不用藥，女性因欠缺男性荷爾蒙，不僅**不會長出一身健壯肌肉，還能有緊實線條的效果，並改善下背痛、骨質疏鬆症，增加胰島素的感受性**，可謂一舉數得。

高齡者鍛鍊的重點

和其他器官功能退化最大不同的一點是：**肌肉的流失是可逆的，可以靠自我的努力而有效改善**。因此，高齡者在自我鍛鍊時，可選擇低強度高頻率的肌力訓練，並以個別性、漸進性、持續性、趣味性及安全性爲原則，例如，早上盥洗刷牙時，可採單腳屈膝站立、蹲馬步等方式，以自身的體重爲負荷來訓練下肢肌力，或是使用啞鈴、彈力帶、裝水的寶特瓶等簡單器材，以較低的強度維持一段時間反覆實施，以漸進方式進行訓練，強化下肢肌力和骨質。

另外，亦可透過專業指導，藉由可抗阻力運動（重量訓練）設計，以腹部、髖部、豎脊肌群等核心肌群，以及腿部、肩膀和手臂爲主，一週以二至三次爲頻率，前三週以一次可舉起之最大重量的五〇％爲運動強度，再視情況逐漸增加。通常經過八週以上的訓練，肌力與肌耐力便會看得出效果，若因此變成習慣，長期適度刺激骨骼，還可增加骨質密度，配合鈣質和維生素D的適量攝取，便能預防骨質疏鬆症，避免跌倒與骨折。

光是快走、慢跑，不會增加肌肉量

任何具有重複性、節律性、使用大肌肉群（如手臂、大腿、肩膀等肌肉群）的運動，都可稱爲有氧運動，例如快走、慢跑、騎腳踏車、游泳、跳舞、有氧舞蹈等，此類運動會燃燒葡萄糖及貯存的脂肪，不會增加肌肉量，故對控制體重有很大的幫助。

無氧運動是指其能量來源爲無氧代謝，例如，從事短距離跑步或利用健身器材進行的重量訓練（阻抗運動），能夠刺激腦下垂體分泌成長荷爾蒙，這種荷爾蒙可以促進肌肉成長，分解體內脂肪，提高基礎代謝率。

根據專家建議，爲了增進肌肉力量與肌耐力，以及增加運動的廣泛性與趣味性，不妨以阻抗運動來輔助有氧運動，例如，快走或慢跑完後，搭配重量訓練、仰臥起坐、伏地起身、深蹲等無氧運動，藉此增加肌肉量，加速脂肪燃燒，提升身體的基礎代謝率，以收強化身心健康的目的。

休養階段也要盡可能下床活動

常可見年長者因急症而臥床時，探病的親友總習慣耳提面命地說：「趁這段時間，好好躺著靜養別下床，身體才能快點復原。」事實上，**老人家最怕久臥，因爲光這麼一躺，肌肉在缺乏運動的情況下，幾乎每十天就會流失一公斤的肌肉量**，原本期待靠靜養復原的，卻在躺著不動的這些日子，讓健康快速地流失掉。

所以，臨床上的例子不勝枚舉，很多長輩生了一場大病後，雖然當時的急症好了，但整個人看上去反而比以前更加憔悴，整個身形像是縮了水一樣，四肢肌肉變得消瘦鬆垮，體力更不似以往，甚至有的連下床走動都沒辦法，這因久臥少動而生成的症狀稱爲「廢用症」（deconditioning），需要花一段時間好好復健，才能恢復原有的身體功能。

因此，除非有某些特殊狀況，醫生們多會鼓勵病人在療程中或開完刀後，若身體狀況許可，在不跌倒的防衛措施下，應該要盡快下床恢復日常活動，才能避免大病帶來肌肉流失的後遺症，使得身體衰退太快引起其他不必要的毛病。

第 16 章

如何保命防「跌」？

如果跌倒過，有一半的人會再次跌倒

根據研究顯示，國內六十五歲以上長者，有三分之一曾在一年內跌倒過；而跌倒過的老人，有二分之一會再跌倒，且年紀愈大，跌倒的機率就愈高。

其中，跌倒可能造成的嚴重傷害，包括髖關節骨折、其他部位骨折、硬腦膜下出血、軟組織傷害或頭部外傷。有些老人則因爲害怕再次跌倒，而限制自我活動，漸漸失去獨立活動的能力，使得身體功能愈來愈差，也造成家人的負擔。

老人容易跌倒的原因，可分爲「內

在」與「外在」因素。其中，「內在」因素如老化導致視力減退、平衡感失調，疾病如中風、心肌梗塞、貧血、姿勢性低血壓等，以及長期服用降血壓、降血糖、心衰竭等藥物，都會影響反應與平衡感。「外在」因素，指的則是由環境所造成，如濕滑的浴室、廁所、廚房、樓梯間、光線昏暗處等，以及戶外不熟悉的環境、移動的公車、沒有扶手的樓梯、馬路上的障礙物等。

由於長輩跌倒的場所室內多於室外，室內以臥室最多，其次為浴室，若能徹底改善居家環境，排除動線上的障礙物，並依照長輩情況安裝輔助器在側，則可減少五〇%至六〇%的跌倒機率。

培養防跌的安全生活習慣

一、**趨吉避凶**：習慣性檢視地面、對周遭環境保持警覺，例如，當進出浴室、廚房等潮濕空間時，要提醒自己避開濕滑地面、放慢腳步，並盡量扶著牆壁。進入昏暗的房間時，要先開燈再進去。平常要避免雙手都拿東西，並善用扶手，掌握有電梯可搭乘就不爬樓梯的原則。夜間起身或早上起床時，最好先坐在床邊讓意識恢復清醒，再慢慢起身跨出腳步，若服用藥物會增加如廁頻率，吃藥前先上廁所，或在床邊備妥尿壺。

二、**常做防跌運動**：走路是最簡單的方法，而彈力帶訓練、元極舞與太極拳等三種運動除能提升老年人生理功能的表現，也兼具花費少、不需特殊器材、不受場地限制等特色。

三、**挑雙好鞋子**：選擇鞋子時，應以能增加行走時的舒適性與穩定性爲前提，例如，透氣的圓頭鞋能保護足趾且容易伸展，底部墊子要適當，才能減少腳後跟的疼痛，鞋底挑膠底、深紋路可以止滑，並要考慮穿脫時的方便性，盡量不要買需綁鞋帶的鞋子。

四、**記得軟著地**：爲了降低跌倒導致骨折的風險，平日應牢記面對意外時讓身體「軟著地」的原則，包括跌倒時盡量讓身體順著慣性倒，將受力關節迅速彎曲，並採縮頭、併腿、雙臂合抱胸前，以團身滾動的方式，減緩摔倒時的衝力以保護四肢。

常用的藥物中，其實暗藏「致跌」成分

當長輩看完門診，領回藥物的同時，藥袋上那些用來治病、緩解症狀的名稱中，其實暗藏許多赫赫有名的「致跌藥物」，服用後會導致認知混亂、平衡感變差、行動趨緩、活動力減弱，一不小心就會增加跌倒的風險。

其中，最常見的「致跌藥物」如**鎮靜**、**安眠藥**，會讓長者容易嗜睡、減緩反應時間、影響認知功能導致步態不穩。而**抗精神病用藥**及**抗憂鬱劑**則有鎮靜及安眠等副作用。心血管用藥如**降血壓藥**，則會造成姿勢性低血壓。而**止痛藥**與**肌肉鬆弛劑**除了鎮靜之外，也有肌肉放鬆的副作用，將會使得肌肉反應動作變慢、平衡變差。

此外，如**緩瀉劑**容易增加如廁頻率，且會造成電解質不平衡，使長輩身體變得虛弱。**降血糖劑**可能導致血糖過低與暈眩，**抗癲癇藥**則因鎮靜作用、嗜睡和暈眩，影響肌肉張力及平衡感。**抗膽鹼藥物**會引起鎮靜、嗜睡、神智不清、精神混

圖十五、致跌風險藥物與可能造成跌倒原因

藥品	可能造成跌倒的原因
緩瀉劑（Laxatives）	增加病人如廁的頻率
利尿劑（Diuretics）	增加病人如廁的頻率、低血壓、電解質不平衡
抗膽鹼藥物（Anticholinergics）	低血壓、姿勢性低血壓、散瞳、鎮靜、嗜睡、神智不清、精神混亂、幻覺
降血壓劑（Antihypertensives）	低血壓、姿勢性低血壓、減少腦部血流灌注、肌肉無力、暈眩
降血糖劑（Hypoglycemics）	低血糖症狀、暈眩
抗組織胺劑（Antihistamines）	影響情緒、注意力、警覺、活動力等，以及引發嗜睡、認知障礙
鴉片類止痛劑（Narcotics）	降低警覺心、影響認知功能、鎮靜作用、肌肉鬆弛、暈眩
麻醉藥品（Anesthetics ）	鎮靜作用、肌肉鬆弛、血壓降低、可逆性的意識喪失
鎮靜安眠藥（Sedatives）Benzodiazepines（BZDs）	嗜睡、暈眩、精神混亂、認知受損、運動失調、延緩反應時間
抗精神病藥物（Antipsychotics）	錐體外症候群、運動不能、姿勢性低血壓、鎮靜、延緩反應時間、抗膽鹼作用
抗憂鬱劑（Antidepressants）	錐體外症候群、運動不能、姿勢性低血壓、鎮靜、延緩反應時間、抗膽鹼作用
抗癲癇藥（Anticonvulsants）	鎮靜作用、嗜睡、暈眩、運動失調
毛地黃（Digoxin）	疲倦、衰弱、暈眩、視力模糊、電解質不平衡等
第1A類 抗心律不整藥物	視力模糊、頭痛、頭暈
青光眼藥水	視力模糊、心跳變慢或不規則、眩暈或頭痛

資料來源 / 病安通報系統 病安事件提醒 2009.12

亂和幻覺等現象。傳統**抗組織胺用藥**則會抑制中樞神經，產生嗜睡、步行失調及精神集中困難等副作用。**帕金森氏症用藥**如左旋多巴（levodopa）與甲磺酸溴隱亭（bromocriptine）會引起姿勢性低血壓、嗜睡與視覺模糊等，以上皆會增加跌倒的機率。

因此，要遠離跌倒的預防之道，用藥前應請專責醫師做整體評估，選用低風險藥物，若需用致跌高風險藥物，應由低劑量開始，再逐漸調整，並補充用藥須知與常識，且要提醒長輩確實遵從醫囑，不要重複拿藥、自行調藥或停藥，或迷信偏方亂服中草藥，才能確實控制用藥對身體的影響。

隨身攜帶拐杖，保護膝蓋又能防暈

老人家動作較緩慢，反應也較不靈敏，為預防老年人突然眩暈跌倒，不妨隨身帶根枴杖，除了可分攤關節承受身體重量，還能避免突如其來的眩暈，造成站立不穩而跌倒。老人家多半剛開始都排斥拿枴杖，認為這是向「老」屈服，但其實老人的身體關節用了五、六十年，尤其膝關節與骨盆處髖關節更是承受全身重量最多的地方，耗損也最嚴重，從退化性關節炎最常發生在老人身上可知一二。因此，拿枴杖不但可以**分攤身體重量，減少關節負重、關節軟骨磨損以及退化性關節病變的不適**，萬一跌倒也能**降低頭部直接撞地的機會**。另外，拿了枴杖路上行經的車輛會主動禮讓，避免碰撞發生，增加安全性。

爲人子女者要多鼓勵父母，並向復健科醫師、物理治療師諮詢，適時注意其手杖高度是否恰當，材質、重量、握把形狀、橡膠墊等細節，是否符合需求與安全，以及使用的姿勢與行走方法是否正確等，才能在享受行走便利之餘，還能預防跌倒風險與意外，延長自由活動的年限。

第 17 章

如何延緩視力減退？

白內障該不該動手術？

一旦發生白內障，就一定得動手術嗎？事實上到目前為止，似乎還沒有任何藥物可以完全治好白內障，因此，接受白內障手術變成是一個不得不的手段。但到底何時該動手術？各家醫師說法不一，有的認為要等白內障很「熟」才動手術（所謂白內障，指的是水晶體會由透明狀逐漸變黃，甚至產生深咖色，也就是俗稱的「變熟」），有的認為若視力不佳到已影響日常生活就該動刀，而以健保為標準，便規定白內障手術是當最佳矯正視力下降至〇・五以下才給付。

由於手術是先將混濁的水晶體清除乾淨，再植入人工水晶體。手術方式分爲超音波晶體乳化術，與囊外晶體摘除術，都有健保給付，約莫三十至四十分鐘內可執行完成。而在人工水晶體選擇方面，除了可用健保給付的一般功能人工水晶體，亦可自費非球面人工水晶體，或是其他功能性人工水晶體，由於植入後更換困難，建議手術前最好多跟眼科醫師討論，根據自己的狀況及需求，挑選適合自己的才是上策。

另外，手術後的照護也不可輕忽，一般而言，爲防感染，術後二至三週要避免彎腰、低頭、舉重、咳嗽、噴嚏、揉擦眼睛、跌倒、用力排便等，以防增加眼內壓而導致傷口裂開或出血，並禁止俯身洗頭、沐浴，以防汙水濺入眼內，且睡覺時必須戴鐵蓋，以免不自覺揉眼睛，否則一旦化膿就有失明的危機。

白內障可以預防嗎？

白內障患者常會感覺視力模糊，看東西變得曚矓，或出現光圈、光暈，或是影像重疊。

老化是白內障最常見的原因，但其他如糖尿病、外傷、發炎、遺傳、長期服用類固醇、高度近視等亦會引起白內障。由於水晶體病變初期，無法從外觀察覺，通常要等到水晶體變混濁之後才會發現，因此，就算沒有老花眼或近視等視力問題，**當年齡超過五十五歲時，最好定期做視力檢查**，例如量眼壓、視野檢查、視神經檢查等項目，才能及早發現、及早治療。

到目前為止，並無一有效的方法可以阻止「老年性白內障」的發生，但若能在外出時配戴抗紫外線的太陽眼鏡，平時留意保護眼睛，避免碰撞或穿刺傷，適量攝取富含抗氧化成分之深綠色及深黃色蔬菜水果，補充維生素A、C、E，避免抽菸，減少類固醇、縮瞳劑、少數精神科用藥及抗心律不整等藥物的使用，糖尿病患者若能好好控制血糖，便可減少白內障產生或惡化的機會。

發覺青光眼時，視神經多已嚴重損傷

青光眼並非罹病後眼睛會發出青光，而是一種與眼壓相關的視神經疾病。由於正常的眼壓能夠固定眼球形狀，讓眼球運作順暢，其間靠的就是房水分泌與排出間的平衡（房水是充滿眼球前房和後房，夾在角膜和晶狀體之間的透明液體），若此排流系統受阻，眼壓超過了視神經可以承受的極限，或是供應視神經養分的血液循環不良，就會傷害到視神經，造成視覺障礙、視野缺損，甚至失明。

概括而言，青光眼有急性與慢性之分，慢性青光眼是最常見的類型，又稱「隅角開放性青光眼」，是因眼內引流區域阻塞，房水無法順利排出，使得眼壓逐漸增加，由於是慢慢形成的，幾乎沒有不適感，直到發現視野窄縮，視力明顯減退時，視神經往往已經受到嚴重的傷害。

而急性青光眼又稱「隅角閉鎖性青光眼」，因眼內的虹彩突然阻塞了引流區域，房水完全無法排出，眼壓急速上升，使得眼球劇痛、頭痛、視力模糊、虹視（看燈光時外圍有彩虹光圈），甚至有噁心、嘔吐、血壓升高的現象，若不馬上處理，可能很快就會失明，有時白內障過熟，水晶體腫脹以致壓迫到隅角，阻礙房水流出時也會導致急性青光眼發作。

青光眼可以治癒嗎？

每個人都可能罹患青光眼，但有高度近視、年齡超過四十歲、具青光眼家族病史、眼睛受過傷或動過手術，或有糖尿病、高血壓的人，皆屬於青光眼的高危險群，最好定期（至少每年一次）到醫院量眼壓、接受眼睛健康檢查，以便及早發現及早治療。

一旦發現視力模糊，周邊視野縮小（眼角餘光所見不如從前開闊），夜間看燈光有五彩光圈圍繞，於暗處觀看景物時，感覺頭痛眼脹或是伴有噁心嘔吐的現象，最好趕快就醫。若確診爲青光眼時，應及早接受治療，以避免視神經進一步的損傷。

青光眼可用藥物治療（點眼藥、口服藥）、雷射或手術治療等方法來控制。其中，藥物的部分主要是用來抑制房水生成或促進房水排出，進而降低眼壓，若藥物控制不佳，才會考慮用雷射打通排水管，或以手術再造一條新的排水管，甚至藉冷凍療法破壞睫狀體以減少房水的生成。

不過，以上的治療無可避免地會產生一些副作用，且要有心理準備，治療只能做到控制眼壓、穩定病情而非治癒，因爲視神經一旦受到傷害，就無法再回復。

罹患老年性黃斑部病變，易導致失明

所謂老年性黃斑部病變，指的是隨年齡增長，位於視網膜正中央的黃斑部，因退化產生病變。由於此爲視力、感光細胞最集中的區域，若出現病變，便容易造成視力模糊、物體扭曲變形，甚而視野中心有黑影，進而視力喪失。

依眼睛的脈絡膜是否產生新生血管，老年性黃斑部病變又可分爲「乾性」和「濕性」兩種類型。其中，最嚴重的是「濕性」老年性黃斑部病變，因爲脈絡膜的新生血管會反覆出血、滲水，破壞了黃斑部的感光細胞，根據全民健康基金會報導指出，一旦罹患此病，平均到了六十五歲時會喪失一眼的視力；到了七十歲，約有六成患者雙眼會達到法定失明程度。相對而言，「乾性」老年性黃斑部病變因未形成脈絡膜新生血管，惡化速度較慢，但仍須定期追蹤檢查，以免進一步惡化爲濕性老年性黃斑部病變。

由於黃斑部病變不易治療，預防之道更爲重要，臨床研究指出，老年性黃斑部病變的發生除了與年齡、紫外線、遺傳、環境有關，吸菸也是重要的因子，因此，老年人應防止過度強光照射，並避免暴露在菸害的環境中。另外，透過控制高血壓與高血脂，多吃富含類胡蘿蔔素及葉黃素蔬果食物（如胡蘿蔔、芒果、杏仁、甘藍、菠菜等綠色植物，及生蠔、鮮奶、核桃）並口服抗氧化劑（如維生素A、C、E、鋅及硒），亦能減緩視網膜衰退的程度。

老年性黃斑部病變的治療方式

過去治療黃斑部病變多採雷射和光動力療法，不僅可能傷害到周邊正常組織，形成過度的瘢痕，且只能維持，無法有效改善視力。

近年來，醫療方式改以眼內注射標靶藥物，直接作用於不正常的新生血管，藉以抑制血管內皮細胞生長與增殖，減少視網膜的出血與黃斑部的水腫，目前以樂舒晴（Lucentis）與癌思停（Avastin）兩種蛋白質生物劑質爲主。由於健保局目前只針對「濕型」老年性黃斑部病變患者，每年給付三劑樂舒晴，每劑需間隔一個月以上，之後則需由患者自付；癌思停則非正規治療藥物，若有需求得自費施打。綜合兩種藥劑的副作用，包括可能引發眼壓上升、視網膜剝離、白內障、青光眼、眼內出血及眼內炎等風險，使用前必須謹慎評估。

必須提醒的是，標靶藥物的價格並不便宜，且施打的過程較爲漫長，治療的目的只是防止惡化，無法完全恢復視力。根據臨床研究，約八成病人視力可進步或維持現狀，但其缺點爲需多次注射才有療效，甚至須一輩子都注射此藥。

保養得當，老年不怕惡視力

一、**吃對營養素**：由於視網膜大致上呈現橘黃色，加上感光細胞細胞膜，超過一半的成分是 Omega-3 的 DHA，因此，能補充黃斑部色素斑的葉黃素，與富含 Omega-3 的魚油都是常被點名的明星營養素。另外，如維生素 C、維生素 B、玉米黃素及花青素等對保養眼睛也有幫助，平常多吃菠菜、綠花椰菜、南瓜、玉米、枸杞、地瓜葉等即可。

二、**養成護眼好習慣**：要能真正「養眼」，得靠生活中的好習慣，日常生活要規律、睡眠充足、不熬夜，避免生氣、壞情緒，以免讓眼壓升高。備好一隻品質優良的太陽眼鏡，白天出門時最好能戴上，特別是在夏日陽光下要能抗紫外線，以保護眼睛。按時量血壓，並嚴格控制血糖，尤其糖尿病患者一年至少要做一次以上的眼科檢查。

三、**定期接受眼部檢查**：每半年應該做一次眼睛檢查，項目包括視力、眼球運動等，更重要的是眼底檢查，因眼底幾乎是人體健康狀況的縮影，除可查出眼疾，諸如視網膜剝落、青光眼、視神經炎、脈絡膜腫瘤等，某些全身性疾病，例如高血壓與糖尿病，也可以從眼底檢查一窺病情。

第 18 章

如何強化骨關節？

得了退化性關節炎怎麼辦？

退化性關節炎是由於關節軟骨磨損，關節囊的潤滑液變少，使得關節疼痛、腫脹、無力、蹲踞困難，其中又以膝關節炎最爲常見，根據統計，台灣六十五歲以上的老年人，十人中就有二至三人有此困擾，若輕忽不治療，不僅會帶來生活上的不便，影響日常活動與人際關係，且因運動量減少，還會使得身體機能退化，進一步造成跌倒骨折等意外。

隨著年齡增長，此一病症的罹患率會逐漸升高，爲減少關節的負荷，可透過適度運動如游泳、散步、快走，增加關節周圍肌肉的強度。其次，須控制體重並避免關節磨損的機會，如減少上下樓梯、爬山、蹲下或劇烈運動的頻率。平時要注意關節的保暖，特別是冬天或是在冷氣房內工作，一旦發現異狀，務必盡快就醫以減輕疼痛、防止惡化。

一般而言，退化性關節炎治療方式可分為物理治療、運動治療、藥物治療與手術治療：

一、**物理治療**：包括熱療、經皮電刺激（Transcutaneous Electric Nerve Stimulation，TENS）與向量干擾波（Interferential Current，IFC）等。

二、**藥物治療**：包括口服非類固醇性消炎劑，如「阿斯匹靈」或「普拿疼」，以減輕短期的疼痛和發炎，或是服用「葡萄糖胺」（Glucosamines），刺激軟骨細胞產生膠質和蛋白多糖，促使關節軟骨的新陳代謝正常化。還可注射「玻尿酸」（hyaluronic acid），補充患部的關節液，防止軟骨的磨耗和損壞，也有止痛、消炎作用。

三、**手術治療**：當關節炎程度十分嚴重時，透過關節鏡手術移除軟骨碎片，可減輕疼痛並避免關節快速磨損，若關節軟骨已出現變形，才需考慮置換人工關節。

骨質疏鬆症不會有任何預警

台語常說的「老倒縮」，常讓人誤以爲老了本來就會「縮水」。事實上，**長輩身高變矮並非正常，許多人是因罹患了「骨質疏鬆症」所致**。

一般來說，骨質密度在三十歲達到高峰，之後每年便以一%的速度流失，女性在更年期初期，速度更達二%～三%。由於骨質疏鬆症通常毫無症狀，得等到骨折了才會發現，譬如髖骨、脊椎、手腕都是骨折好發部位。

其中，尤以髖骨與脊椎骨折後遺症最多且最爲致命。因爲一旦發生髖部骨折，不僅長期臥床的機率大增，還可能引發感染及肝腎功能衰竭，讓患者一年內的死亡率達一五%。若脊椎部分骨折，最明顯的是身高會愈來愈矮，背部彎曲駝背，出現慢性背痛，嚴重者因背椎極度彎曲，還可能引發呼吸困難。

爲了減緩骨密度流失的速度，在飲食方面，不妨多吃高鈣食物如乳酪、五穀類、深綠色蔬菜、菇類、海帶及小魚乾等，多補充維生素D，且要避免吸菸、酗酒、吃太鹹或喝太多茶與咖啡，以及連續使用三個月以上的類固醇藥物。在運動方面，建議每週三次做重量耐力運動，如快走、散步、輕量有氧運動或球類運動，將有助增加骨頭的強度及密度。平日若有空，可以多到戶外活動筋骨曬曬太陽，有助人體自行合成維生素D，促進腸道對鈣、磷的吸收，以及骨形成和骨礦化的作用。

年過五十，男女都要追蹤骨質變化

骨質疏鬆症大致分爲原發性（primary）及次發性（secondary）兩類。所謂「原發性骨質疏鬆症」包括婦女停經後導致雌激素下降，使骨質大量流失，以及老年人維生素D合成下降，使腸胃鈣吸收能力下降。「次發性骨質疏鬆症」則是導因於特殊疾病如癌症、服用藥物、中風及長期臥床、腸胃道、內分泌、骨骼疾病等。

爲追蹤骨質是否隨年紀增加而流失，三十五歲前應做一次骨質密度檢查，以徹底了解自己的骨質狀況，並做爲日後參考的基準。過了五十歲後，無論男女都要開始注重骨質變化的追蹤，特別是女性更需要定期做檢查。

若發現骨質異常，因屬於慢性退化性疾病，保守的做法會強調長期治療，定時追蹤，去除不良生活作息，並從運動與飲食著手。一旦骨質密度過低，經專科評估後，可能引發其他風險，則可考慮積極治療方式，如透過「經皮穿刺椎體成形術」（percutaneous vertebroplasty）或「椎體擴張成形術」（vertebral dilation），將骨水泥灌入骨骼，以保持穩定性。另外，補充女性荷爾蒙，使用雙磷酸鹽藥物、抑鈣素、氟化物，服用維生素D及合適的鈣片，亦是常見的做法，但仍需看個人體質而定。

保養骨關節要趁早

對年長者而言，「行動力」是重要的關鍵，不管年齡高低，若能到處趴趴走，精神上多不覺得老。反之，若步伐緩慢，甚至舉步維艱時，便是老化加速的徵兆，因爲一旦行動力衰退，便進入了惡性循環，不僅影響社交互動，生活變得沒有品質，身體也跟著每況愈下，長久精神也會出問題，令人擔憂的失能、失智可能接踵而至。

既然如此，由於行動力繫於骨骼、肌肉與關節，三者缺一不可，在還沒退化之前，就應該未雨綢繆、提早保養。其中，要關節常保勇健，必須掌握以下原則：

一、**靠運動加強耐受力**：可選擇游泳、健走、腳踏車及瑜伽等活動，加強關節的耐受力。若關節有問題，建議諮詢復健科或物理治療師，依能力酌減運動量或改成健走運動，以避免運動傷害，切忌怕痛而不運動，如此反而會使關節僵硬而惡化。

二、**避免會傷害膝關節的因子**：長時間蹲、跪、久站、提重物、穿高跟鞋、體重過重，過度從事衝擊性的運動，或缺乏運動導致肌力不足，皆會提高關節退化的風險，避開這些因子，才能減緩關節磨損的速度。

三、**選對食物保護關節**：吃富含膠質、軟骨素的食物，有利關節軟骨修復。

補充抗氧化劑食物，可抵抗體內不穩定的自由基對關節的破壞。生物類黃酮食物可加強關節內膠質，修復受傷的關節。有機硫化物可強化韌帶的強度、增加關節潤滑黏液的分泌，還能協助軟骨組織基質的支撐。補充鈣質則可以強化骨骼。

第 19 章

召開家庭會議

召開家庭會議時機

一、**當爸媽到了退休年齡時，以「如何維持長輩身心健康」為開會重點**，會議可以邀請父母參加，討論項目包括退休後的生活規畫，例如學習、旅遊、休閒運動等計畫，以及退休準備金（生活費、醫療、照護費）支應的來源。若氣氛允許，可引導父母預立遺囑，表達臨終前想要或不想要的醫護方式，準備好自己的醫療自主計畫。

二、**爸媽生病需要有人照顧時，以「讓長輩得到最妥適的照護」為開會重點**，討論項目包含照顧者與被照顧者的意願與需求、照護方式（在家、送機構還是請外籍看護）、照護費用分擔的方式（是統籌收齊後繳交、每月輪流繳交，還是成立基金專戶）、分享照護的資源，並推選出緊急聯絡人方便處理突發狀況。

三、**當病況進入末期，以「如何讓長輩有尊嚴的離開」為開會重點**，討論的項目包括是否接受緩和、安寧照顧，是否做臨終急救、心肺復甦術，選擇回家或在醫院往生、治喪地點、喪禮儀式等重大方向，以協助長輩沒有痛苦、了無牽掛地「善終」。

四、**牽涉到遺產分配時，則以「維持手足和諧，避免法律訴訟」為開會前提**，請記住，由於決定者是父母而非手足，切勿讓遺產爭執搞得全家四分五裂，畢竟這是父母親最不願看到的。一旦訴諸法律，對遭逢喪偶的父親或母親將會是一種折磨，且對簿公堂等同撕破臉，未來破裂的手足關係將再難修補。

安排家庭會議的重點與技巧

一、**事先告知關鍵議題**：每個家庭在溝通、規矩、情緒表達和衝突處理上，都會有自己的「眉角」，爲了盡快做成決議，減少可能的爭論或質疑，會議前可以提早丟出重要的議題，讓大家做好心理準備，並簡單詢問意見與說明。

二、**確定與會者的角色**：負責召開會議前，籌備者應先根據每個與會者和被照顧者的親疏關係、個人特質，以及所學、工作背景等，釐清責任分配時的角色，一個人可承擔多個角色，亦可一個角色由不同人分擔。

三、**以方便、安靜的地點爲主**：地點挑選應以家庭成員出席方便、不受干擾爲標準，盡量讓每個人覺得受尊重與舒適，例如父母家或離捷運、大眾交通工具較近的餐廳包廂。沒有家庭成員希望被排除在家庭活動之外，若因在國外或距離太遠無法參與者，可試著以視訊或通訊軟體線上進行溝通。

四、**聽取被照顧者的意見**：若長輩意識清楚，一些重要的決定，亦可邀請他們參與聽取意見再做決定，但會議中要避免針鋒相對，以免刺激老人家情緒。

五、**邀中間人參與**：若邀約當時，已預知欲討論的議題將引起爭論，建議可邀請中間人參與，包括家族中的長輩、具有經驗的朋友或專業人士，以提供中立、客觀的意見和建議，避免意氣之爭。

六、**讓每個人都發表意見**：會議中應讓每個成員都發表意見，以了解每個人的觀點與立場，主持者應適時掌握氣氛，並提醒以解決父母照顧問題為前提，避免參與者過於情緒化、翻舊帳的發言激化衝突。

七、**接受有人缺席的事實**：安排會議時，儘管都是同一家人，仍有人以各種理由拒絕或缺席，切記盡力就好，只要爭取最大的支持，就代表會議成功了。

八、**盡量定期舉行**：照顧問題是長期抗戰，不可能一次就能解決，因此，若能定期舉辦，每次會議先解決迫切且重要的幾個議題，接續的會議再就其他次要的問題尋求共識與協助。

使家庭會議順利的溝通技巧

照顧父母是一件複雜的事，且不可能面面俱到，若病況不見起色，負責照顧的子女、媳婦，壓力將隨之升高，且當照顧者的健康、家庭、工作亮起了紅燈，更會讓手足妯娌間蓄積不滿。

因此，若能善用家庭會議的平台，以及好的溝通技巧，讓大家願意一起參與看護，或給予最大的幫助與支持，才能找出每個家庭適切的照護模式，以下心態與方法可供參考：

一、**理解自己的情緒反應**：初次面對爸媽生病，沒有明確的模式可供參考，大家都是摸著石頭過河，共同解決不斷冒出的各式問題。由於手足間狀況不同，遭逢照護的壓力難免會有情緒，因此，得時常注意自己的情緒問題，找出根源並加以解決，尋求幫助而非逞強，才能蓄積長期抗戰的體力。

二、**試著發揮同理心**：溝通時避免以罪惡感懲罰對方，因爲罪惡感除了讓人不舒服，產生逃避、不願合作的防禦心，更會變成交相指責、毫無交集的惡性循環。此時不妨試著理解手足間那些負面行爲，其背後眞正的恐懼、痛苦或需要，以同理心引導他們加入或支持照護的工作。

三、**通盤考量責任分配**：需統整整個家庭，包括每個人的經濟條件、專長、人際等資源，重新思考每個人應該擔負的角色，而非推給單身、長子女，拘泥在成長過程中的舊角色上。

四、**讓成員充分了解狀況**：定期將醫生、照護、社工人員對父母病情的評估與建議，讓所有兄弟姐妹充分明瞭，並避免只聽父母或家庭成員中的一面之詞，以做爲討論與判斷的參考。

五、**完全信任**：對致力照顧父母的手足應給予支持和信任，不妄加批評和指責。若有需要，要盡力幫助。若有不同的意見，一定要共同商討，達成共識，避免傷害親情。

六、**專注照顧而非討好**：照顧父母時，應清楚自己的能力，盡心達成醫生囑咐就好，不要替自己設定難以達到的目標，否則長期處於自責或討好的情況，容易讓自己憂鬱，也會因情緒不穩傷害了生病的父母。

七、**邀請專家參與**：父母的健康狀況與照護的需求，有時需要專業知識才能判斷，若手足之間只憑父母的感覺，或是人云亦云的說法，常會誤判或各執一辭。因此，邀請專家參與討論，或是蒐集專業的分析再做判斷，才能找出最佳的解決方案。

家庭會議的法律效果

親屬會議可以算是具有法律效果的家庭會議，其設置的目的主要是用來監督監護人、監督無人承認繼承的遺產管理人、處理關於遺產的各種事項，以及其他親屬繼承的相關事項。

其中，依照《民法》，親屬會議的成員爲五人，且有資格上的限定，依序分別爲受監護者的「直系血親尊親屬」「三親等內旁系血親尊親屬」「四親等內之同輩血親」。同一順序時，以親等近者爲先。同親等時，以住在一起的爲先，沒有住在一起的，以年長者爲先。若會員不能出席時，由接序的親屬遞補。

至於此會議的決議成立條件，必須要有三個以上的成員出席，半數以上的人同意才行。另外，需注意的是監護人、未成年人、受監護宣告者，與所討論的事件有個人利害關係者，皆不能參與決議。

不過，考量過往依賴親屬會議決議，已難符合實際的需求，加上現有社會型態的改變，親屬會議召開變得困難，因此，最新的條文已修正爲：依法應經親屬會議處理的事項，若因成員不足或其他因素，難以召開親屬會議時，有權召集會議者或其他利害關係人得提出聲請，改由法院處理相關事宜。

〈附錄〉推薦書單及支持團體

補充精神食糧，讓你照顧之路不孤單

對象	書名	作者	出版社
照顧	換我照顧您：陪伴爸媽老後的21堂課	吳若權	遠流
照顧	好好照顧您：台大老年醫學專家，教你照護爸媽，不可不知的10大迷思與14項困擾	詹鼎正	寶瓶文化
照顧	居家照護全書【全圖解．暢銷平裝版】	金田由美子，東田勉，三好春樹	采實文化
照顧	圖解一看就會做 居家照護全方位手冊	米山淑子	新自然主義
照顧	圖解長照介護，安全、溫和照護術	橋本正明	和平國際
照顧	我輩中人：寫給中年人的情書 以我之名：寫給獨一無二的自己 自成一派：只此一家，別無分號	張曼娟	天下文化
失智	超越認知障礙 曹爸有方：保有快樂記憶、忘得輕安自在，有尊嚴安老終老	曹汶龍	原水文化
失智	一直喊不舒服，卻又不去看病：老年精神科醫師蔡佳芬教你照顧長輩，不心力交瘁	蔡佳芬	寶瓶文化

對象	組織名稱	提供服務	聯絡電話
照顧	中華民國家庭照顧者關懷總會	提供居家照顧技巧指導、照顧技巧訓練班、心理協談、支持團體、志工關懷、喘息服務、舒壓活動等家庭照顧者支持性服務，並長期追蹤高風險家庭照顧者。	諮詢專線 0800-507-272 聯絡電話 02-2585-5171、 02-2585-5167
照顧	中華民國士林靈糧堂社會福利協會	主要業務涵蓋社區整合型服務中心、社區支持服務方案、居家式照顧服務、社區式照顧服務、住宿式照顧服務、照顧者服務方案等，提供社區長者及家庭多元、連續性、在地化之全人關顧服務，以期在迎向超高齡社會中，建置更為完整之社區整體照顧。	士林老人服務暨日間照顧中心 電話： (02)2838-1571
照顧	弘道老人福利基金會	提供獨居、弱勢、失能長輩們關懷訪視、居家服務、送物資、陪伴就醫、居家修繕、健康促進等等服務。	(04)2206-0698
照顧	伊甸社會福利基金會	提供「老人照顧服務計畫」，包括居家照顧、日間照顧、家庭托顧、機構養護、關懷據點、送餐服務、輔具支持、居家修繕、沐浴服務等。	(02)2230-7715

對象	組織名稱	提供服務	聯絡電話
照顧	財團法人老五老基金會	全台橫跨七縣市、設有 12 個中心，深入在地社區提供專業服務，包括居家服務、日間照顧、獨老關懷、社區服務、家庭照顧者支持性服務、社區培力、倡議議題等。	(04)2246-3927
照顧	一粒麥子社會福利慈善事業基金會	由台東基督教醫院設立，在各縣市投入需求高、服務困難的地區，為偏鄉提供老人送餐服務、老障關懷服務、弱勢生活扶助、偏鄉日照建置等小規模多機能（日間照顧、夜間住宿）、日間喘息及沐浴服務、居家服務、到宅沐浴服務、長照及社會福利諮詢、營養餐食、社區小旅行活動、交通接送等。	(089)960201
失智	台灣失智症協會	積極發展失智症患者及其家屬之多元服務，設有瑞智學堂、瑞智互助家庭、社會支持網等服務，提供失智症患者及家屬全面的關懷與照顧，更聯合全台各失智症相關團體，推動失智症照護政策、倡導失智症預防，提供免付費全國失智症關懷專線以及失智症照護諮詢服務。	(02)2598-8580

對象	組織名稱	提供服務	聯絡電話
失智	中華民國失智者照顧協會	設於台中，協助推展失智症及老人醫學講座，促進失智症家屬聯誼工作，提倡失智症病史及家屬戶外休閒活動，關懷社會上需要協助照顧的失智症病患，以團體或個案方式詢問，提供正確照顧方法、喘息照顧的場所之資訊、失智症者就醫就養之資訊與諮詢服務。	(04)2291-0186
失智	天主教失智老人基金會	提供失智長者住宿型、日間照顧型及暫托型等各項服務，開辦萬華區送餐服務、接台北市及新北市的居家服務。基於多年的服務經驗，陸續開辦各項相關失智症的照顧訓練課程。	(02)2332-0992
法律	台灣福田社會福利發展協會	於各縣市提供成年監護（輔助）宣告個案服務、居家喘息、日間照顧中心、失智服務據點、居家服務等業務。	(07)9763575

Eurasian Publishing Group
圓神出版事業機構
用心與你對話．視野無限寬廣
先覺出版社
Prophet Press

www.booklife.com.tw　reader@mail.eurasian.com.tw

人文思潮 176

當爸媽過了65歲

──你一定要知道的醫療、長照、財務、法律知識〔全新增修版〕

作　　者／康哲偉
發 行 人／簡志忠
出 版 者／先覺出版股份有限公司
地　　址／臺北市南京東路四段50號6樓之1
電　　話／（02）2579-6600．2579-8800．2570-3939
傳　　真／（02）2579-0338．2577-3220．2570-3636
副 社 長／陳秋月
副總編輯／李宛蓁
專案企畫／賴真真
責任編輯／李宛蓁
校　　對／朱玉立．李宛蓁
美術編輯／蔡惠如
行銷企畫／陳禹伶．黃惟儂
印務統籌／劉鳳剛．高榮祥
監　　印／高榮祥
排　　版／莊寶鈴
經 銷 商／叩應股份有限公司
郵撥帳號／ 18707239
法律顧問／圓神出版事業機構法律顧問　蕭雄淋律師
印　　刷／祥峰印刷廠
2017年7月　初版
2024年11月　增修二版
2025年7月　增修二版8刷

定價 380 元　ISBN 978-986-134-513-0

「我是一位不斷挑戰新事物的新老人。」

——日本知名百歲醫生 日野原重明

國家圖書館出版品預行編目資料

當爸媽過了 65 歲：你一定要知道的醫療、長照、財務、法律知識 / 康哲偉著.
增修二版. -- 臺北市：先覺出版股份有限公司, 2024.11
304 面；14.8×20.8公分 --（人文思潮；176）

ISBN 978-986-134-513-0（平裝）
1.CST：退休 2.CST：長期照護 3.CST：老人養護 4.CST：衛生政策

544.83 113014537